le kiosque

A1-A2 **2**

CAHIER D'EXERCICES

Céline HIMBER

Charlotte RASTELLO

Fabienne GALLON

Avec la collaboration d'Adeline GAUDEL

HACHETTE
Français langue étrangère
www.hachettefle.fr

Couverture : Amarante - Sophie Fournier
Maquette et mise en page : Valérie Goussot
Secrétariat d'édition : Cécile Schwartz
Illustrations : Nathalie Lemaire
Photogravure : Nord Compo
Crédits photographiques :
p. 7 a : © J. Gill/Getty Images ; p. 7 b : © S. Otte/Getty Images ;
p. 7 c : © S. Pitamitz/Zefa/Corbis ; p. 7 d : © J. D. Wjnands/Getty Images ;
p. 7 e : © T. Forest/Getty Images ; p. 11 a : © C. Ehlers/Getty Images ;
p. 11 b : © N. Duplaix/Getty Images ; p. 11 c : © J. Walker/Getty Images ;
p. 11 d : © R. Holmes/Corbis ; p. 11 e : © J. Ano/Getty Images ;
p. 14 : © Murat Taner/Zefa/Corbis ; p. 40 : © P. Beavis/Getty Images
p. 49 : © Hachette Filipachi Photo

100%
PAPIER RECYCLÉ
3.1244.121

© HACHETTE LIVRE, 2007, 43, quai de Grenelle, F 75905 Paris cedex 15
ISBN 978-2-01-155535-9

SOMMAIRE

Je ne suis pas français !

Communique

1 **Associe les réponses aux questions et place les phrases dans les bulles.**

a. L'atelier photo, c'est ici ?

b. C'est où le Danemark ?

c. Comment tu t'appelles ?

d. Et toi, tu es français ?

1. Marina. Et toi ?

2. Oui, c'est ici. On attend Stéphane, l'animateur.

3. Oui, mais j'habite en Lituanie.

4. C'est au nord de l'Europe, pas loin de la Suède.

1.

2.

3.

4.

2 **Trouve les questions.**

a. – . . . . ?

– Je m'appelle Sofia.

b. – . . . . ?

– J'habite à Marseille.

c. – . . . . ?

– Non, je suis italienne, je viens de Rome. . . . . ?

d. – Oui. Moi, je suis français d'origine allemande !

Grammaire

L'accord des adjectifs de nationalité

3 Complète avec il, elle, ils, elles.

a. . . . . sont chinoises, comme vous !

b. Je ne comprends pas, ... est italien ou lituanien ?

c. Ce sont mes ancêtres, ... sont allemands.

d. C'est mon idole, ... est anglaise.

4 Accorde les adjectifs si nécessaire.

a. Rodrigo est espagnol. Laeticia est espagnol . . . .

b. Igor est russe. Natasha est russe . . . .

c. David et Stefan sont suédois . . . . Johanna et Susanna sont suédois . . . .

d. Lounès et Ismaïl sont marocain . . . . Nora et Leïla sont marocain . . . .

Mes mots

Les nationalités

5 Retrouve cinq nationalités dans la grille et associe-les aux pays.

Z	T	R	A	N	C	A	S	E	T
P	A	R	U	S	S	E	S	I	E
O	F	U	L	I	U	N	É	T	R
N	R	Z	A	Ç	É	N	S	A	R
F	A	R	C	O	D	Y	V	L	U
E	N	M	A	R	O	C	A	I	N
C	Ç	A	T	E	I	U	B	E	I
O	A	L	U	S	S	E	A	N	S
L	I	T	U	A	N	I	E	N	A
E	S	T	L	L	I	N	N	E	S

a. La Lituanie ➔ *lituanien(s), lituanienne(s)*

b. La France ➔ . . . . , ...

c. La Russie ➔ . . . . , ...

d. Le Maroc ➔ . . . . , ...

e. L'Italie ➔ . . . . , ...

f. La Suède ➔ . . . . , ...

6 Complète les phrases avec une nationalité.

a. Matt vient d'Angleterre, il est . . . .

b. Alessandra vient d'Italie, elle est . . . .

c. Virginie et Antoine viennent de France, ils sont . . . .

d. Anna vient d'Allemagne, elle est . . . .

e. Les cousines de Maïa viennent d'Espagne, elles sont . . . .

Spécial Europe

Communique

1 Présente Claudia.

Salut ! Je m'appelle Claudia, je suis . . . .

. . . .

. . . .

. . . .

. . . .

. . . .

2 Tu cherches un correspondant français. Écris un mél pour te présenter.

Objet : Recherche correspondant
Date : 16/09/2006

Salut à tous !

Grammaire

Le genre des pays et les prépositions de lieu

3 Classe les pays dans le tableau.

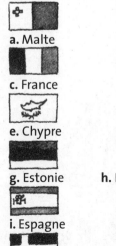

a. Malte **b.** Irlande

c. France **d.** Portugal

e. Chypre **f.** Grèce

g. Estonie **h.** Royaume-Uni

i. Espagne **j.** Lituanie

k. Finlande **l.** Danemark

Pays féminins	Pays masculins	Pays sans article
La / L'	Le / L'	Malte . . . .
. . . .	. . . .	. . . .
. . . .	. . . .	. . . .
. . . .	. . . .	. . . .
. . . .	. . . .	. . . .
. . . .	. . . .	. . . .

4 Entoure la préposition de lieu qui convient.

a. Ana habite **à** / **en** Chypre et elle va en vacances **au** / **en** Portugal.
b. Juan fait beaucoup de vélo **au** / **aux** Pays-Bas.
c. Maïa a une correspondante **au** / **en** Suède.
d. Mes grands-parents habitent **à** / **au** Copenhague, **à** / **au** Danemark.
e. La Russie, c'est **en** / **à l'** Asie ou **en** / **à l'** Europe ?

Mes mots

Les noms de pays et les langues en Europe

5 Associe.

a. Paris est la capitale de la   **1.** Royaume-Uni.
b. On fait du fromage aux   **2.** Belgique.
c. On mange des pizzas en   **3.** Malte.
d. Londres et Belfast sont au   **4.** Italie.
e. On parle aussi français en   **5.** Pays-Bas.
f. Ana habite à   **6.** France.

6 Retrouve les noms de pays.

a.  ➜ Le auyomRe-nUi.
➜ . . . .

b.  ➜ La aFercn
➜ . . . .

c.  ➜ L' sEngape
➜ . . . .

d.  ➜ La cèrGe
➜ . . . .

e.  ➜ La landinFe
➜ . . . .

7 On parle quelle(s) langue(s)...

Hej ! Je parle
. . . .

Hallo ! Je parle
. . . .

Bonjour ! Guten Morgen !
Ciao ! Je parle . . . .
. . . . . . et . . . .

Hello ! Dia dhuit !
Je parle . . . .
et . . . .

a. en Suède ?   **b.** aux Pays-Bas ?   **c.** en Suisse ?   **d.** en Irlande ?

Atelier

Communique

1 **Place les phrases dans les bulles.**

a. C'est là, à droite, ce n'est pas loin !

b. Oui, je veux bien, merci !

c. Qu'est-ce que vous cherchez ?

d. Excusez-moi, monsieur, vous pouvez m'aider, s'il vous plaît ?

2 **Observe le plan et indique le chemin.**

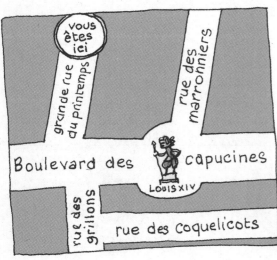

a. Je voudrais trouver la statue de Louis XIV, s'il vous plaît.

Pour trouver la statue de Louis XIV, allez tout droit, puis . . . .

b. Je cherche la rue des Marronniers, s'il vous plaît.

Pour aller rue des Marronniers, ...

c. Je voudrais aller rue des Coquelicots, s'il vous plaît.

Pour aller rue des Coquelicots, ...

3 Lis les itinéraires et regarde le plan. Où es-tu ?

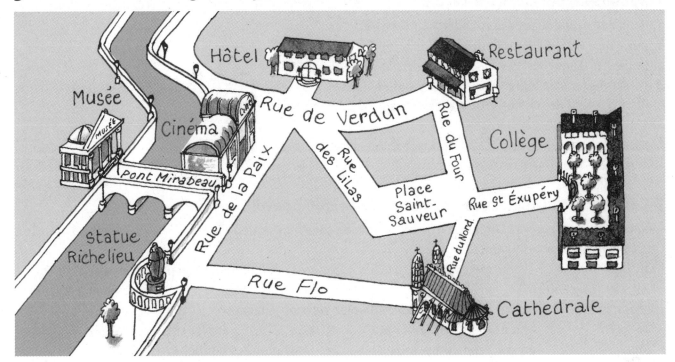

a. Tu es au collège. Va tout droit. Tourne à gauche. C'est au coin de la rue. Tu es . . . .

b. Tu es au musée. Va tout droit puis tourne à droite. Tu es . . . .

c. Tu es devant la statue Richelieu. Va jusqu'à la cathédrale. Tourne à gauche et va jusqu'à la rue Saint-Exupéry. Traverse la place Saint-Sauveur et va jusqu'à la rue de Verdun. Tu es . . . .

Grammaire

Les verbes « vouloir » et « pouvoir »

4 Entoure la bonne réponse.

a. Vous **pouvez** / **voulez** demander aux habitants de vous indiquer le chemin, ils sont très sympas !

b. Je ne **peux** / **veux** pas tourner à droite, c'est interdit.

c. On **veut** / **peut** demander à quelqu'un !

d. Excusez-moi, nous **voulons** / **pouvons** aller à la cathédrale, s'il vous plaît.

e. Ils ne **peuvent** / **veulent** pas vous aider, ils ne connaissent pas la ville !

f. Tu **veux** / **peux** aller place de la Liberté ? Tourne à droite puis va tout droit.

g. Non, je ne **peux** / **veux** pas venir avec vous, j'ai des devoirs !

h. On ne **veut** / **peut** pas prendre le métro, il y a une grève !

5 Complète les verbes *vouloir* et *pouvoir*.

a. Maman, je ne v . . . . pas aller à l'école !

b. C'est dommage, elle ne p . . . . pas venir demain !

c. Non, nous ne v . . . . pas marcher, c'est trop loin !

d. Vous v . . . . faire un jeu de piste ?

e. On p . . . . demander au monsieur.

f. Tu p . . . . continuer tout droit.

g. Elles v . . . . venir avec nous à l'office de tourisme.

h. Nous p . . . . acheter des bonbons au supermarché, ce n'est pas loin !

i. Excuse-moi, tu p . . . . m'aider, s'il te plaît ?

6 Remets les phrases dans l'ordre.

a. veux / Je / quelqu'un. / demander / à / bien ➔
b. pas / ne / veux / aujourd'hui ? / Tu / marcher ➔
c. peuvent / Elles / visiter / ville. / pas / ne / la ➔
d. veut / ne / métro. / prendre / On / le / pas ➔
e. Pour / peux / demander / rue / aller / sœur ! / des Lilas, / tu / à / ta ➔

f. est / Vous / le / musée, / il / au / pouvez / de / coin / la / rue ! / visiter ➔

....

7 Complète le dialogue avec les verbes *vouloir* ou *pouvoir*.

– Salut Stéphanie ! Ça va ? On fait une soirée déguisée chez moi samedi. Tu .... venir ou tu dois rester avec tes parents ?

– Oui, je .... venir, merci beaucoup ! Tu .... m'indiquer le chemin pour aller chez toi ?

– Oui, c'est au centre-ville, dans la rue Lalo, après la boulangerie. Nicolas .... venir avec toi, il connaît bien la ville ! Tu .... aussi un plan de mon quartier ?

– Oui, je .... bien ! À quelle heure nous .... arriver chez toi ?

– Vous .... arriver à 18 heures. Vous .... acheter des bonbons ?

– Oui, mais on .... aussi manger des gâteaux au chocolat !

– D'accord, je vais faire des gâteaux ! À samedi !

Mes mots

La ville

statue – rue – immeuble – place – continuer – droite – droit – tourner – loin – cathédrale

8 Complète le texte avec les mots suivants.

Salut Ève,
Alors tu peux venir à ma fête ce soir ! Cool !
Voici le chemin pour venir chez moi. J'habite .... du Paradis.
D'abord, tu peux aller sur la .... Rihour et .... à
.... après la .... Puis, tu peux .... tout
.... Mon .... n'est pas .... de la ....
de Victor Hugo.
Voilà ! À ce soir !
Théo

9 Décode les messages secrets et trouve où est la statue !

Pour trouver la statue :

a. Ctonuznei utot tdior. ➔ ....

b. Truzneo à odrtie. ➔ ....

c. Pnezre à ucgahe sur al lapce. ➔ ....

d. Rgedearz ua ionc ed la eru. ➔ ....

➔ La statue est :

1. à côté de la cathédrale. 2. sur la place. 3. près de l'immeuble.

Communique

1 Complète la brochure touristique avec les verbes suivants conjugués à l'impératif.

> . . . . Marseille !
>
> . . . . ses vieilles rues, ses églises, ses musées !
>
> . . . . sa grande spécialité : la bouillabaisse !
>
> Et . . . . d'aller voir la mer !

visiter – goûter – ne pas oublier – découvrir

2 Une visite à Paris ! Présente les lieux à l'aide des mots suivants.

~~quartier~~ – *vraiment délicieux – très moderne – très ancienne – restaurant – cathédrale –* ~~très célèbre~~ – *avenue – très grande – musée*

a.
➜ *Montmartre ?*
C'est un quartier
de Paris, il est
très célèbre !

b.
➜ Les Champs-
Élysées ?
C'est . . . . ,
elle . . . .
. . . . !

c.
➜ Notre-Dame ?
. . . .
. . . .
. . . . !

d.
➜ *Maxim's ?*
. . . .
. . . .
. . . . !

e.
➜ Le centre
Pompidou ?
. . . .
. . . .
. . . . !

3 Lis les messages. Vrai ou faux ? Entoure la réponse et corrige les affirmations fausses.

> Salut Marie ! Je visite
> les musées à Berlin.
> Je mange aussi beaucoup
> de plats traditionnels
> comme des bretzels,
> c'est très bon ! A+, Julie

> Bonjour Damien ! Je suis
> en vacances à Dublin
> mais il pleut beaucoup...
> On reste toute la journée
> à l'hôtel ! À bientôt,
> Adrien

> Lisa, tu es à Rome ? Ne va
> pas au restaurant *Bella*, les
> pâtes et les glaces ne sont
> pas très bonnes ! Va dans la
> Vieille-Ville, les pizzas sont
> délicieuses ! Bisous, Hélène

V / F   **a.** Julie, Adrien et Hélène sont en France.

. . . .

V / F   **b.** Les bretzels sont des spécialités allemandes.

. . . .

V / F   **c.** Adrien ne veut pas visiter la ville de Dublin.

. . . .

V / F   **d.** Le restaurant *Bella* fait de délicieuses spécialités italiennes.

. . . .

V / F   **e.** Le restaurant *Bella* n'est pas dans la Vieille-Ville.

. . . .

Grammaire

L'impératif négatif

4 Mets les phrases à la forme négative puis associe les phrases aux dessins.

a. Marchez sur l'herbe ! . . . . !

b. Faites un pique-nique dans la forêt ! . . . . !

c. Bois l'eau du robinet ! . . . . !

d. Écris sur les tables ! . . . . !

 1.    2.    3.    4.

5 Présent ou impératif ? Complète avec un pronom sujet ou Ø.

a. Non, ... ne connaissons pas les « traboules ».

b. À Lyon, ... n'oublie pas d'aller voir un spectacle de Guignol. C'est super !

c. . . . . ne goûtes pas les « coussins » parce que tu n'aimes pas les bonbons ?

d. Oh, non ! . . . . ne prenons pas le métro, marchons !

e. . . . . ne parlez pas fort dans le musée !

f. . . . . ne vas pas visiter la cathédrale avec tes amis ?

g. . . . . ne travaillons pas aujourd'hui, allons au cinéma !

6 Remets les phrases dans l'ordre.

spécialités ! | N' | goûter | les | oublie | de | pas   **a. →** . . . .

pars | Ne | sans | de | plan | la | le | ville ! | pas   **b. →** . . . .

ton | portable ! | pas | utilise | N' | téléphone   **c. →** . . . .

Ne | gauche | à | droit. | mais | tournez | tout | pas | allez   **d. →** . . . .

bouteille ! | dans | N' | pas | avec | ta | l'église | entre   **e. →** . . . .

N' | pas | vos | ici ! | fruits | achetez   **f. →** . . . .

« C'est/Ce sont », « Il(s)/Elle(s) est/sont »

7 Associe.

a. *J'habite à Lille.*   **1.** Elle est belge.

b. – Je cherche l'office de tourisme.   **2.** Ce sont des bonbons aromatisés à la menthe.

c. Tu connais Lara Fabian ?   **3.** Il est très grand !

d. On mange des tapas en Espagne.   **4.** *C'est une ville très dynamique !*

e. J'adore les bêtises de Cambrai.   **5.** Ils sont célèbres !

f. Vous connaissez Pierre et Marie Curie ?   **6.** – C'est en face de la mairie.

g. Voilà le théâtre !   **7.** Ce sont des spécialités du pays.

8 Complète le dialogue avec :

| c'est | il est | ce sont | elle est | ce ne sont pas | c'est | ce n'est pas | ce sont |

– Ce monument, qu'est-ce que c'est ?
– . . . . la cathédrale Saint-Jean, ... très ancienne.
– Et sur cette photo, ... tes amis ?
– Non, ... mes amis, ... les joueurs de l'Olympique lyonnais !
– Ah ! Et lui, qui est-ce ?
– Tu ne connais pas Guignol ? . . . . très célèbre !
– Et ça, c'est quoi ? Un quartier ancien ?
– La Part-Dieu ? Non, ... un quartier ancien, ... un quartier moderne.

Mes mots

La ville

9 Lis les phrases et complète la grille.

1. Tu veux voir des statues, des tableaux ? C'est là !
2. Ici on peut acheter des croissants : c'est le paradis des gourmands !
3. Tu aimes lire ? C'est là que tu peux aller !
4. Ici, tu peux acheter beaucoup de choses !
5. Il est pratique si tu ne veux pas marcher !
6. Viens boire quelque chose ici !
7. J'habite ici, c'est mon...
8. À Lyon, il s'appelle aussi « bouchon ».
9. Elle est plus petite qu'une cathédrale.

Les prépositions de lieu

10 Lis les textes. Où sont Pierre et Clara ? Dessine-les sur le plan.

Salut Clara ! Je ne suis pas très loin de la cathédrale, devant l'immeuble à côté de la bibliothèque. Pas en face de la station de métro, mais de l'autre côté, en face de la boulangerie, entre la bibliothèque et l'épicerie. Et toi, tu es où ?

Moi aussi, je suis devant un immeuble pas très loin de la cathédrale. Ce n'est pas à côté de la bibliothèque, mais en face, à côté de la station de métro. Viens, je t'attends.

Sons et graphies

Les couples de voyelles *ai, au, eu, oi, ou*

1 Complète avec *e* ou *o*.

a. Vous v . . . ulez aller au musée ?

b. Nous ne p . . . uvons pas marcher.

c. Ils ne p . . . uvent pas vous aider.

d. Ils v . . . ulent visiter la ville.

e. Tu p . . . ux tourner là.

2 Jeu de piste. Corrige les dix erreurs.

JOU DE PISTE
DANS LE VIAUX-LYON

Question n° 2
Après le restorant, turnez à goche
et prenez la petite rue, tut droat.
Regardez à draite, au cain de l'immauble.
Qu'est-ce que vous voyez ?

3 Lis les mots à haute voix et classe-les dans le tableau. Trouve deux intrus.

~~tourisme~~ – droit – moi – ~~deux~~ – gauche – ~~faire~~ – coin – faux – drôle – vrai – cool – goûter – découvrez –
monsieur – métro – délicieux – loin – mais – voiture – peut

[ɛ]	[o]	[ø]	[wa]	[u]
faire	. . . .	deux	. . . .	tourisme . . . . .
. . . .	. . . .	. . . .	. . . .	. . . .
. . . .	. . . .	. . . .	. . . .	. . . .
. . . .	. . . .	. . . .	. . . .	. . . .

Intrus → . . . .

4a Associe pour faire des rimes.

a. Vous êtes deux

b. Là, tu vois,

c. Tout est faux

d. Un ticket   **e.** Elles sont cool,

1. c'est tout droit !

2. amoureux ?

3. s'il vous plaît.

4. les traboules.   **5.** au tableau !

4b Imagine deux phrases qui riment comme dans l'exercice 4a.

. . . .

. . . .

Fais le point

Évalue tes connaissances et compte tes points !

1 Réponds aux questions.

a. Qu'est-ce qu'il y a en face de chez toi ?

. . . .

b. Qu'est-ce qu'il y a à côté de ton collège ?

. . . .

2 points par phrase

/4

2 Dis...

a. deux choses que tu peux faire en vacances. . . . .

. . . .

b. trois choses que tu ne peux pas faire au collège.

. . . .

2,5 points par phrase

/5

3 Révise ton vocabulaire.

a. Écris deux noms de lieux où tu peux manger ou boire en ville.

b. Écris trois noms de lieux que tu peux visiter dans une ville.

1 point par mot

/5

4 Donne trois noms de lieux/monuments célèbres de ta ville et explique ce que c'est.

Le Prado, c'est un très grand musée. . . . .

. . . .

2 points par phrase

/6

5 Compte tes points !

Résultats :
< 12/20 ☹ → À revoir !
Entre 13/20 et 16/20 ☺ → Bien, mais observe tes erreurs !
> 17/20 ☺☺ → Très bien !
Prêt(e) pour *Le Mag'* n° 10 !

total :

/20

Portfolio

Fais le point sur tes connaissances !

Maintenant, je sais...	Oui	Un peu	Non
• demander et indiquer un chemin.	☐	☐	☐
• dire ce que je veux / je peux faire.	☐	☐	☐
• situer dans l'espace / dans la ville.	☐	☐	☐
• donner une définition.	☐	☐	☐
Je connais...			
• le quartier du Vieux-Lyon.	☐	☐	☐
• quelques spécialités et choses célèbres à Lyon.	☐	☐	☐

Atelier

Communique

1 Place les phrases dans les bulles.

a. Bravo ! Tu as soif ?

c. Trois kilomètres à pied, c'est dur ! J'ai mal aux pieds...

b. Salut ! Comment va ton pied ?

d. Oh ! là, là ! Je suis fatiguée...

1.

2.

3.

4.

2 Remets le dialogue dans l'ordre.

a. – Eh bien, chez Martin, c'est à côté de l'église.

b. – Oui mais moi, je n'aime pas ça... Quand est-ce qu'on arrive ?

c. – Oh ! là, là ! Je suis fatigué !

d. – Bientôt. Tu vois l'église en face ?

e. – Parce que deux kilomètres à pied, c'est dur !

f. – Mais marcher, c'est bon pour la santé !

g. – Ouf !

h. – Ah bon ? Pourquoi ?

i. – Oui.

c – . . – . . – . . – . . – . . – . .

Grammaire

Les mots interrogatifs

3 Associe et imagine les réponses.

a. Pourquoi

1. va Thomas ?

b. Comment

2. est-ce que Thomas va venir ?

c. Quand

3. est-ce que Thomas ne vient pas avec nous ?

a. *Pourquoi* . . . . ? . . . .

b. *Comment* . . . . ? . . . .

c. *Quand* . . . . ? . . . .

4a Trouve une autre façon de poser les questions.

1. Pourquoi vous faites du vélo le dimanche ?

. . . . ?

2. Quand est-ce qu'elles vont chez le médecin ?

. . . . ?

3. Ton bras, ça va comment ?

. . . . ?

4. Où est-ce que tu as mal ?

. . . . ?

5. Comment nous allons à l'hôpital ?

. . . . ?

4b Associe les questions de l'exercice 4a aux réponses suivantes.

1. Demain, à 15 h !
2. En voiture !
3. J'ai mal au dos.
4. Ça ne va pas, il est cassé !
5. Pour être en forme !

5 Complète avec un mot interrogatif.

a. – . . . . est-ce que tu sors de l'hôpital ?
   – Demain matin.

b. – . . . . tu es en retard ?
   – Parce que c'est la grève des bus.

c. – . . . . tu t'appelles ?
   – Martin.

d. – . . . . tu es fatigué ?
   – Parce que je me couche tard.

e. Tu n'es pas fatigué, ... tu fais ?
   – Je marche et je fais du sport.

6 Transforme les phrases avec *est-ce que*.

a. Vous partez quand ?
   ➔ *Quand est-ce que vous partez ?*

b. Pourquoi il pleure ?
   ➔ . . . .

c. Tu pars où ?
   ➔ . . . .

d. On arrive quand ?
   ➔ . . . .

e. Tu écris à qui ?
   ➔ . . . .

Aïe ! Ça fait mal !

7a Complète
le mél avec
*où, comment,
pourquoi, quand*
ou *est-ce que* (2).

Salut Marc !

1. . . . . va ta jambe ? 2. . . . . tu es toujours à l'hôpital ?
3. . . . . vas-tu sortir ? Aujourd'hui, c'est samedi ! Moi et les copains,
nous sommes très fatigués : une grande randonnée en montagne, c'est dur !
Mais Nicolas est en forme ! Il va venir te voir. 4. . . . . est l'hôpital ?
Au centre-ville ? 5. . . . . tu ne téléphones pas ? 6. . . . .
tu as le bras cassé aussi ?! Bon, moi, je vais me coucher et prendre des vitamines !
À bientôt,
Alexandre

7b Réponds aux questions de la lettre. Invente des réponses.

1. . . . .
2. . . . .
3. . . . .
4. . . . .
5. . . . .
6. . . . .

Mes mots

Les états d'âme et les sensations

8 Associe et écris les phrases.

	1. fatigué(e)	→ . . . .
	2. soif	→ . . . .
a. Je suis	3. chaud	→ . . . .
	4. malade	→ . . . .
b. J'ai	5. en forme / en bonne santé	→ . . . .
	6. mal	→ . . . .
	7. honte	→ . . . .

9 Associe.

1.　　　　2.　　　　3.　　　　4.　　　　5.

a. Tom rigole. **b.** Tom s'inquiète. **c.** Tom en a marre. **d.** Tom est fatigué. **e.** Tom est en forme.

Les couleurs

10 Trouve les réponses.

a. Pourquoi tu es rouge ?
b. Pourquoi tu es vert ?
c. Pourquoi tu es bleu ?

1. Parce que je suis malade.
2. Parce que j'ai froid.
3. Parce que j'ai chaud.
4. Parce que j'ai honte.

Communique

1 Quel est le problème ? Complète les phrases.

a. *Elle a* . . . . **b.** *Il a* . . . . **c.** *Elle a* . . . . **d.** *Il a* . . . .

. . . .

. . . .

2 Corrige les phrases (plusieurs réponses sont possibles).

a. *Si on est ~~en forme~~,* on va chez le médecin ou à l'hôpital.

➜ *Si on est* . . . . *, on va chez le médecin ou à l'hôpital.*

b. Si on se soigne, *on est malade.*

➜ . . . .

c. *Si on a mal au ventre,* on a un plâtre.

➜ . . . .

d. Pour être en forme, *restez au lit !*

➜ . . . .

3 Complète les phrases. Imagine les conditions ou les résultats.

a. *Si tu as un gros rhume, tu restes à la maison.*

b. . . . . , faites attention !

c. Si vous voulez être en forme demain, ...

d. . . . . , elle prend des médicaments.

e. Si tu ne veux pas aller à l'hôpital, ...

f. . . . . , tu n'es pas content.

g. Si tu dois te reposer, ...

Grammaire

Les verbes du 2ᵉ groupe

4 Entoure la bonne réponse.

a. Si je **guéris / guérit**, je vais à l'anniversaire de Thomas samedi !

b. **Finis / Finissez** vos devoirs et allez au lit !

c. Si tu **choisit / choisis** ce chemin, fais attention !

d. Si nous **réussissons / réussissez** notre examen, nous avons notre diplôme !

e. Elles **choisit / choisissent** d'aller chez Julien à pied ou en bus ?

5 Complète avec des pronoms personnels.

a. Si vous préférez, ... choisissons le film !

b. Ne rentre pas dans sa chambre, ... finit son travail !

c. Leur mère s'inquiète, ... ne guérissent pas vite !

d. Si . . . . réussissez, nous allons tous à Paris !

e. . . . . ne finis pas le gâteau ? Ça ne va pas ?

f. Pour mon anniversaire, ... choisis mes cadeaux !

6 Conjugue les verbes.

a. Nous . . . . (finir) le match et nous nous douchons.

b. Vous . . . . (choisir) le chemin que vous préférez.

c. Si on se soigne, on . . . . (guérir) vite !

d. Je . . . . (finir) mon exercice et j'arrive !

e. Si elles . . . . (réussir), elles sont géniales !

7 Associe et fais des phrases.

Je	finissent
Tu	choisissons
Il / Elle / On	finis
Nous	guérissez
Vous	choisis
Ils / Elles	guérit

a. *Je finis mon match et je rentre à la maison !*

b. Tu . . . .

c. Il / Elle / On . . . .

d. Nous . . . .

e. Vous . . . .

f. Ils / Elles . . . .

« Si » + présent

8 Associe et fais des phrases. Utilise *si*.

Conditions	Résultats
Rester à la maison	Ne pas rester debout
Être courageux/se	Prendre des médicaments
Être fatigué(e)	Téléphoner à un(e) copain/copine
Avoir mal à la tête	Ne pas pleurer
Avoir très mal au dos	Appeler les pompiers
Avoir un accident	Prendre le métro

a. (je) . . . . , ...

b. (tu) . . . . , ...

c. (il) . . . . , ...

d. (nous) . . . . , ...

e. (vous) . . . . , ...

f. (elles) . . . . , ...

9 Imagine des solutions aux problèmes.

a. Qu'est-ce que tu fais si tu es malade ? ➜ *Si je suis malade, je me soigne. / Je reste au lit. / Je vais voir le médecin.*

b. Qu'est-ce que tu fais si tu as mal au ventre ? ➜ *Si j'ai*

. . . .

c. Qu'est-ce que tu fais si tu as un accident ? ➜

. . . .

d. Qu'est-ce que tu fais si tu veux être en forme ? ➜

. . . .

e. Qu'est-ce que tu fais si tu es fatigué(e) ? ➜ . . . .

. . . .

Mes mots

Les parties du corps

10 Lis la description et dessine le personnage.

Il est grand et mince.

Il a de grandes jambes et de petits pieds.

Il a les cheveux longs et bruns.

Il a un gros nez. Il a les yeux bleus.

Il a le bras gauche cassé et il a un plâtre.

Il a la main droite sur la tête.

La santé

11 Complète le texte avec les mots suivants.

l'hôpital – le médecin – des médicaments – me soigner – guérir – rester au lit

Je ne suis pas au collège parce que je suis malade. Je vais aller voir . . . . cet après-midi. Je pense qu'il va me donner . . . . , me dire de . . . . pendant deux ou trois jours et de bien . . . . si je veux . . . . et être en forme pour le match de samedi ! Ce n'est pas rigolo mais je préfère être dans mon lit qu'à . . . . !

Sons et graphies

Les sons [o], [Ø] et [e]

1a Lis les mots à haute voix et classe-les dans le tableau.

~~dos~~ – ~~yeux~~ – ~~les~~ – malheureux – bleu – Rémi – hôpital – médecin – animaux – fatigué – marcher – deux – nez – chaud – santé – drôle – cassé – cheveux – beau – avez – bobo

[o]	[Ø]	[e]
dos, ...	yeux, ...	les, ...
. . . .	. . . .	. . . .
. . . .	. . . .	. . . .

1b Comment s'écrivent les trois sons ?

[o] = o, ...

[Ø] = ...

[e] = ...

2 Complète les mots avec les différentes graphies des sons [o], [Ø] ou [e].

a. Je ne p. . . . . . x pas march. . . . . . ., je suis fatigu. . . . . .

b. Vous av. . . . . . de b. . . . . x ch. . . . . v. . . . . x et de b. . . . . . x y. . . . . x bl. . . . . s.

c. L. . . . . anim. . . . . . x sont malh. . . . . r. . . . . x dans les zo. . . . . . s.

3 Lis les phrases à haute voix.

a. Mathieu a les cheveux et les yeux bleus !

b. Les animaux de Bozo sont rigolos !

c. Dédé a le nez et le pied cassés !

4 Imagine trois phrases avec les sons [o], [Ø] ou [e] comme dans l'exercice 3.

. . . .

. . . .

. . . .

Fais le point

Évalue tes connaissances et compte tes points !

1 Réponds aux questions.

a. Comment est-ce que tu vas au collège le matin ? . . . .

b. Tu vas souvent chez le médecin ? Pourquoi ? . . . .

c. Quand est-ce que tu fais tes devoirs ? . . . .

2 points par phrase

/6

2 Nomme les parties du corps.

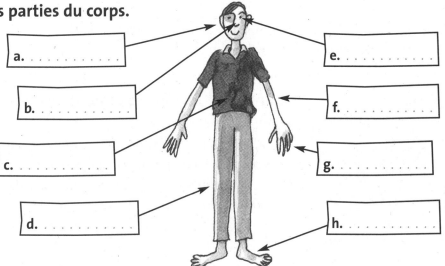

a. . . . .
b. . . . .
c. . . . .
d. . . . .
e. . . . .
f. . . . .
g. . . . .
h. . . . .

1 point par mot

/8

3 Conjugue le verbe *choisir* au présent.

Je . . . . Nous . . . .

Tu . . . . Vous . . . .

Il / Elle / On . . . . Ils / Elles . . . .

1 point par forme verbale

/6

4 Compte tes points !

Résultats :
< 12/20 ☹ → À revoir !
Entre 13/20 et 16/20 ☺ → Bien, mais observe tes erreurs !
> 17/20 ☺☺ → Très bien !
Prêt(e) pour *Le Mag'* n° 11 !

total :

/20

Portfolio

Fais le point sur tes connaissances !

Maintenant, je sais...	Oui	Un peu	Non
• dire comment je me sens.	☐	☐	☐
• parler de ma santé.	☐	☐	☐
• justifier mes réponses.	☐	☐	☐
• exprimer la condition.	☐	☐	☐
• proposer des solutions.	☐	☐	☐
Je connais...			
• quelques lieux touristiques de Paris.	☐	☐	☐

CHASSE AU TRÉSOR

Organisez un jeu de piste virtuel !

Matériel

→ Un plan de ville grand format (votre ville ou une ville française) pour chaque équipe
→ Des petits papiers pour écrire les indices et les questions
→ Des "trésors" à découvrir (des bonbons, un livre, un objet au choix)

1 Choisissez les lieux et le trésor.

- Formez trois équipes dans la classe.
- Chaque équipe choisit un trésor et son emplacement sur le plan.
- Chaque équipe choisit son parcours sur le plan.

2 Imaginez les indices et les questions.

Pour chaque équipe :
- Imaginez les cinq étapes du jeu de piste sur le plan.
- Écrivez les cinq indications qui mènent aux étapes sur des morceaux de papiers numérotés de 1 à 5.
- Écrivez cinq questions au dos des indices.

iNDiCE N°1
Vous commencez en haut à gauche du plan, entre la place et la cathédrale.

QUESTiON N°1
Comment s'appelle la statue en face de la cathédrale ?

iNDiCE N°2
Allez tout droit jusqu'à la poste, puis prenez la deuxième rue à gauche.

3 Partez à la chasse au trésor !

- Chaque équipe donne son indice n° 1 à une autre équipe pour trouver le départ du jeu de piste. À chaque étape, il faut répondre à une question pour avoir l'indice suivant. Si l'indice n'est pas trouvé, l'équipe passe son tour et réessaie au tour suivant.

- Chaque équipe va rechercher l'emplacement du trésor choisi par une autre équipe ! La première qui découvre le trésor gagne !

Auto-évaluation unités 0, 1 et 2

Évalue tes connaissances et compte tes points.

1 Complète.

a. *Jeanne habite en France, elle est française.*

b. Paolo habite . . . . . Italie. Il est . . . .

c. Natalia habite . . . . . Portugal. Elle est . . . .

d. Ana habite . . . . . Malte. Elle est . . . .

e. Ali habite . . . . . Maroc. Il est . . . .

f. Anelie habite . . . . . Suède. Elle est . . . .

2 Complète avec *vouloir* ou *pouvoir* au présent.

a. – Vous . . . . venir au cinéma avec nous ?
– Non, nous n'aimons pas le cinéma.

b. – Tu . . . . me prêter ton portable, s'il te plaît ?

c. – Excusez-moi, vous . . . . nous aider, s'il vous plaît ?

d. – Ils . . . . venir avec nous, tu es d'accord ?
– Oh oui, avec plaisir !

e. – Est-ce que Christophe . . . . venir avec nous demain ?
– Non, demain, ce n'est pas possible.

3 Associe.

a. Pourquoi tu es tout rouge ?

b. Quand est-ce qu'il arrive ?

c. Comment il s'appelle ?

d. Comment va ta tête ?

e. Qui part en vacances avec vous ?

1. Ce soir à 19 heures.

2. Ça va maintenant, merci.

3. Mon cousin et son copain Paul.

4. Parce que j'ai chaud !

5. Benoît.

4 Conjugue les verbes au présent.

a. Les cours . . . . (finir) à quelle heure aujourd'hui ?

b. Si tu prends des médicaments, tu . . . . (guérir).

c. Vous . . . . (réussir) à lire le numéro ?

d. Nous . . . . (choisir) des livres
à la bibliothèque.

e. Noé . . . . (finir) le jeu de piste.

De 0 à 12/20 → À revoir
De 13 à 16/20 → C'est bien !
De 17 à 20/20 → Excellent !

total :

/20

Atelier

Communique

1 Complète les dialogues.

a. – . . . .

. . . .

. . . .

– Euh, non merci !

b. – . . . .

. . . .

– Ah, non, on n'a pas de poisson aujourd'hui !

c. – . . . .

. . . .

– On va prendre trois steaks-frites, s'il vous plaît.

2 Déchiffre les messages et associe aux dessins.

a. C' tse psreu nbo ! ➜ . . . .

b. nBo papitté ! ➜ . . . .

c. J'imaeiras ud epulto. ➜ . . . .

d. C'tse bno poru al asnét ! ➜ . . . .

1.   **2.**   **3.**   **4.**

Grammaire

L'article partitif

3 Associe.

a. Vous buvez de l'   **1.** purée ?

b. Avec le steak, vous voulez des   **2.** eau ?

c. Vous avez de la   **3.** fromage.

d. Avant le dessert, tu peux manger du **4.** poisson.

e. Je ne mange pas de   **5.** frites ?

4 Qu'est-ce que tu achètes dans ces lieux ? Associe et trouve l'article qui convient.

a. Dans une poissonnerie, tu peux acheter
b. Dans une boulangerie, tu peux acheter
c. Dans une boucherie, tu peux acheter
d. Au supermarché, tu peux acheter
e. Dans une pâtisserie, tu peux acheter

1. . . . . . gâteaux
2. . . . . . poisson
3. . . . . . pain
4. . . . . . sodas
5. . . . . . viande

5 Entoure la bonne réponse.

a. J'aimerais **des / du** frites, s'il vous plaît !
b. Non, merci ! Nous ne voulons pas **de / du** légumes !
c. Au restaurant, je bois toujours **de l' / de la** eau !
d. Vous voulez **du / de la** purée avec la viande ?
e. Tu prends **de la / du** fromage pour le dessert ?
f. Vous avez **des / de la** glace ?

6 Transforme les phrases.

a. Je n'aime pas le fromage. ➜ *Je ne mange pas de fromage.*
b. Elle adore les frites ! ➜ Elle mange souvent . . . .
c. Mon frère déteste le poulet. ➜ Il ne mange pas . . . .
d. Mes parents aiment la soupe. ➜ Ils mangent . . . . au dîner.
e. Tu aimes le poisson avec de la purée. ➜ Tu manges . . . .
f. Je déteste les fruits pour le dessert ! ➜ Je ne mange pas . . . .

7 Réponds aux questions à l'aide des informations entre parenthèses.

a. Julien, tu manges des gâteaux pour le goûter ?
➜ *Non, je mange des fruits (fruits).*
b. Le midi, est-ce que vous buvez des sodas ?
➜ Non, ... (eau).
c. Ils mangent du fromage tous les matins ?
➜ Non, ... (pain).
d. Elle va prendre un steak-frites aujourd'hui ?
➜ Non, ... (steak-frites).
e. Est-ce que Karen aime le poisson ?
➜ Non, ... (viande).
f. Avant le fromage, vous voulez un dessert ?
➜ Non, ... (dessert).
g. Pour le goûter, vous buvez de l'eau ?
➜ Non, ... (jus de fruits).

8 Remets les mots dans l'ordre et fais des phrases.

| prendre | Je | dessert ! | préfère | de | pour | le | la | glace |

a. ➜ . . . .

| Vous | voulez | ne | de | votre | frites | avec | pas | steak ? |

b. ➜ . . . .

| va | chercher | du | Nadia | petit | déjeuner. | pain | pour | le |

c. ➜ . . . .

| Moi, | je | manger | de | la | veux | viande | soirs. | tous | les |

d. ➜ . . . .

| chocolat | mange | du | goûter ! | pain | Je | et | le | du | pour |

e. ➜ . . . .

Plat du jour

9 Complète avec un article indéfini, défini ou partitif.

SERVEUR – Bonjour ! Qu'est-ce que vous prenez ?

ANNE – Je voudrais . . . . . steak-frites, s'il vous plaît.

SERVEUR – . . . . . steak-frites, bien, et vous ?

FÉLICIE – Est-ce que vous avez . . . . . poisson ?

SERVEUR – Oui, nous avons . . . . . poisson. Et avec, vous voulez . . . . . frites ou . . . . . légumes ?

FÉLICIE – Je n'aime pas . . . . . frites. Je vais prendre . . . . . poisson avec . . . . . légumes.

SERVEUR – Et comme dessert ? . . . . . yaourt, ... fruit, ... glace, ou vous préférez . . . . .
fromage ?

ANNE – Pour moi, ... fruit, s'il vous plaît.

FÉLICIE – Et pour moi . . . . . fromage.

SERVEUR – Très bien !

Mes mots

Les aliments

10 Complète le menu.

11 À qui est le plateau ? Lis et complète avec le bon prénom.

a. Éva déteste le poisson mais elle mange de la viande tous les midis.

b. Denis adore les frites.

c. Charlotte et Victor mangent le même plat.

d. Charlotte n'aime pas le fromage.

e. Éléonore ne mange ni viande ni poisson.

1.　　2.　　3.　　4.　　5.

Communique

1 Complète les conseils du docteur Laforme.

buvez – un peu de tout –
pour être en forme –
mauvais – fatigué(e) –
faire du sport –
nécessaire –
allez grossir –
mangez pas assez

POUR UNE BONNE ALIMENTATION, SUIVEZ LES CINQ CONSEILS DU DOCTEUR LAFORME !

❶ ...., il est important de bien manger et de
....

❷ Bien manger, c'est manger ....!

❸ Si vous ....trop de sodas, vous ....!

❹ Si vous ne ....le matin, vous allez être ....
toute la journée.

❺ Ce n'est pas ....de manger un peu de sucre. Au contraire,
c'est ....!

2 Donne ton avis sur les repas de ces jeunes et donne-leur des conseils.

a.   → +

– *Au petit déjeuner, tu ne manges pas assez ! Le petit déjeuner est très important pour être en forme !*

b. 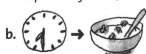 + +

– ....

c.  → +

– *À midi,* ....

d. → + ...

– *Au goûter,* ....

Grammaire

Les adverbes de quantité

3 Associe et fais des phrases.

A. manger
B. boire
C. faire

a. pas beaucoup au petit déjeuner
b. pas assez de fruits
c. un peu de viande, de légumes, de fruits et de sucre, etc.
d. trop de sodas
e. pas assez de repas par jour

1. grossir
2. ne pas avoir d'énergie
3. être fatigué(e) toute la journée
4. avoir une bonne alimentation
5. ne pas prendre assez de vitamines

→ *Si tu ne manges pas beaucoup au petit déjeuner, tu es fatigué(e) toute la journée !*

→ Si tu ...., tu ....!
→ Si tu ...., tu ....!
→ Si tu ...., tu ....!
→ Si tu ...., tu ....!

4 Laure et Lisa préparent un gâteau au chocolat. Place les ingrédients dans le tableau et coche ou indique les quantités.

– Aujourd'hui, nous allons faire un gâteau au chocolat !

– Super ! Nous avons quatre œufs, c'est assez ?

– Oui, et il faut un litre de lait, beaucoup de farine...

– Et beaucoup de chocolat !

– Non, juste un peu et il faut aussi du beurre et du sel mais pas trop !

– Il faut un litre d'huile ?

– Non, il ne faut pas d'huile !

– Et pas de sucre ?

– Si, bien sûr mais un peu. Manger trop de sucre, ce n'est pas bon pour la santé !

Ingrédients	Pas de	Un peu de	Beaucoup de	Quantité (litre, nombre)

5 Complète avec un adverbe de quantité. (Attention à la préposition *de* !)

Un spécialiste répond à vos questions.

a. *Je mange des gâteaux tous les jours et ma mère dit que c'est* .... *C'est vrai ?*

Louis, 14 ans, Paris.

→ Oui. .... sucre, c'est mauvais. C'est bien de manger .... sucre chaque jour, mais pas ...., sinon, tu vas grossir !

b. *Je ne mange pas* .... *et je suis* .... *maigre. Je fais deux repas par jour. Je sais, ce n'est pas* .... *mais moi, je n'aime pas manger.*

Emma, 15 ans, Nantes.

→ À ton âge, c'est nécessaire de manger .... pour avoir de l'énergie. Tu peux manger .... à chaque repas, mais quatre repas par jour, c'est nécessaire, ce n'est pas .... !

6 Lis les messages du forum. Complète avec *peu de, assez, assez d'/de* (3) ou *beaucoup d'/de* (6).

En hiver, qu'est-ce que tu manges ?

Martin : Eh bien, moi, je mange . . . . soupe, une grande assiette, une ou deux fois par semaine. Ma mère fait aussi . . . . plats avec des pommes de terre ! J'adore ça !

Lisa : Je suis souvent fatiguée en hiver. Je ne mange pas . . . . fruits, juste un par jour. Ce n'est pas . . . . pour les vitamines ! Mais je bois . . . . jus de fruits !

En été, qu'est-ce que tu manges ?

Pierre : L'été, à midi, je mange . . . . salade. J'adore les sodas et je ne bois pas . . . . eau. Je mange . . . . viande, je préfère le poisson !

Karen : Et moi, je fais . . . . sport, du tennis et de la gymnastique, mais je ne mange pas . . . . fruits et légumes alors, je n'ai pas . . . . énergie et je suis très fatiguée.

La question avec « combien »

7 Remets les questions dans l'ordre.

a. de combien jour Tu sodas bois par ? ➜ ....

b. repas jour que faites par Combien de vous est-ce ? ➜ ....

c. pied jour combien de Tu par kilomètres à fais ? ➜ ....

d. sur de biscuits y Il table la combien a ? ➜ ....

e. de avez combien différents Vous desserts ? ➜ ....

8 Transforme les questions avec *combien*.

a. Tu veux deux ou trois œufs pour faire ton gâteau ? ➜

b. Vous buvez de l'eau cinq ou six fois par jour ? ➜

c. Elle fait du tennis une ou deux fois par semaine ? ➜

d. Il veut manger un ou deux fruits pour le dessert ? ➜

e. Ta mère prépare trois ou quatre plats pour le repas de dimanche ? ➜

....

Mes mots

Les repas

9 Dessine le petit déjeuner de Manon.

Le matin, au petit déjeuner, je mange beaucoup pour être en forme. D'abord, je prends des céréales, c'est bon pour l'énergie. Ensuite, je bois un grand verre de jus de fruits, pour les vitamines, et puis, je bois aussi une boisson chaude : du lait avec du chocolat. J'aime bien aussi manger du pain avec du beurre et un peu de fromage. Voilà, et après, je suis en forme pour aller au collège !

10 Trouve les noms des aliments dans la grille et complète les phrases.

1. Au petit déjeuner, les adolescents mangent souvent des .... avec du ....

2. Vous voulez des .... au chocolat pour le goûter ?

3. Un peu de .... dans votre café ?

4. De la .... ou du poisson : qu'est-ce que vous préférez ?

5. Prends un ...., c'est plein de vitamines !

6. Le matin, j'adore manger du .... avec du .... !

7. Si tu as soif, bois de l' ...., pas un .... !

Sons et graphies

Le son [ʁ]

1 Lis le message de Jenny à haute voix et souligne les [ʁ] que tu prononces.
Entoure les [ʁ] que tu ne prononces pas.

Che<u>r</u> Olivie⟨r⟩
Je suis en France, et c'est super!
Ici, les repas sont très importants. Je peux goûter des plats délicieux
et tu sais que j'adore les frites françaises! Mais il y a aussi des choses
vraiment très bizarres! Par exemple, le fromage. Il est très fort et
il a une odeur terrible! Moi, je ne peux pas manger ça au déjeuner et
au dîner. C'est trop! Heureusement, il y a le goûter où je peux manger ce
que je préfère: un croissant, avec, en général, un verre de jus de fruits.
Bon, c'est l'heure du dîner maintenant!
À bientôt.
Jenny

2a En général, quand est-ce que le [ʁ] ne se prononce pas?

. . . .

2b Trouve deux exceptions dans le texte.

. . . .

3 Amuse-toi à lire les phrases le plus rapidement possible.

Les célèbres
frites de
la Friterie
Marty!

Trois fruits frais
= de l'énergie
pour la journée!

Beurre, sucre
et crème
glacée, trois
ingrédients
pour grossir!

La grande
brasserie de
Paris vous
offre quatre
repas gratuits!

4 À toi! Imagine deux slogans avec beaucoup de [ʁ].
Amuse-toi à les faire lire à tes camarades.

→ . . . .

→ . . . .

Fais le point

Évalue tes connaissances et compte tes points !

1 Nomme deux choses que tu manges à chaque repas.

– au petit déjeuner : . . . .

– au déjeuner : . . . .

– au dîner : . . . .

1 point
par mot

/6

2 Réponds aux questions.

– Combien de sodas est-ce que tu bois par jour ?

. . . .

– Qu'est-ce que tu manges / bois trop ?

. . . .

– Qu'est-ce que tu ne manges / bois pas assez ?

. . . .

2 points
par phrase

/6

3 Donne deux conseils pour avoir une bonne alimentation
(utilise l'impératif).

➜ . . . .

➜ . . . .

2 points
par phrase

/4

4 Nomme trois ingrédients nécessaires pour faire une recette que tu connais.

La recette de / du / des . . . .

➜ . . . . ➜ . . . .

➜ . . . .

1 point
par réponse

/4

5 Compte tes points !

total :

/20

Résultats :

< 12/20 ☹ ➜ À revoir !

Entre 13/20 et 16/20 ☺ ➜ Bien, mais observe tes erreurs !

> 17/20 ☺☺ ➜ Très bien !

Prêt(e) pour *Le Mag'* n° 12 !

Portfolio

Fais le point sur tes connaissances !

Maintenant, je sais...	Oui	Un peu	Non
• commander à la cafétéria / au restaurant.	☐	☐	☐
• dire ce que je mange.	☐	☐	☐
• exprimer une quantité.	☐	☐	☐
Je connais...			
• quelques plats typiques français.	☐	☐	☐
• l'organisation des repas en France.	☐	☐	☐
• la recette des crêpes.	☐	☐	☐

Atelier

Communique

1 Place les phrases dans les bulles.

a. Génial ! Tu as acheté un nouveau téléphone portable !

b. Tu as téléphoné à Julien pour l'inviter ?

c. On a regardé le film hier soir à la télévision.

d. Vous avez aimé le film ?

1.

2.

3.

4.

2 Trouve la question.

a. – .... ?

– C'est une émission de télé-réalité.

b. – .... ?

– J'ai regardé un film.

c. – .... ?

– Oui, j'ai adoré !

d. – .... ?

– Parce que je n'aime pas ça. Je préfère lire les journaux ou écouter la radio.

Grammaire

Le passé composé avec « avoir »

3 Associe.

a. J'

b. Tu

c. Antoine

d. Mes parents et moi

e. Ta sœur et toi

f. Mes copains

1. ont discuté en ligne avec moi hier soir.

2. ai mangé au restaurant avec mes parents.

3. avez aimé l'émission de télé-réalité ?

4. as joué sur ton ordinateur hier ?

5. avons regardé le film sur France 2.

6. a écouté la radio ce matin.

4 Retrouve sept participes passés dans la grille et donne les infinitifs.

A	R	A	C	O	N	T	É
I	X	É	C	O	U	T	É
D	É	J	E	U	N	É	R
É	D	E	A	B	N	J	A
A	P	A	R	L	É	R	I
F	R	E	A	I	C	F	M
M	A	N	G	É	R	I	É

	Participe passé	**Infinitif**
1.	→ *raconté*	→ *raconter*
2.	→	→
3.	→	→
4.	→	→
5.	→	→
6.	→	→
7.	→	→
8.	→	→

5 Transforme les phrases au passé composé.

a. Aujourd'hui, Paul et Marc regardent un DVD.

→ Hier, ...

b. Nous mangeons des gâteaux devant la télévision toute la journée.

→ Hier, ...

c. Vous cherchez des informations pour votre article ?

→ Hier, ...

d. Laure et Marie participent à un jeu télévisé.

→ Hier, ...

e. Tu achètes le journal pour connaître les nouvelles ?

→ Hier, ...

6 Complète le dialogue avec les verbes suivants au présent ou au passé composé.

détester – parler – regarder – gagner – préférer – participer – acheter – chanter

– Salut les filles ! Vous . . . . l'émission *Nouvelle Star* hier soir ?

– Oui, ils . . . . de belles chansons !

– Moi, je . . . . cette émission, c'est bête ! Je . . . . lire des magazines !

– Alors, qui . . . . la finale hier soir, Laure ou Romuald ?

– Laure bien sûr ! Mon frère . . . . à l'émission, il était dans le public !

– Il . . . . avec les candidats ?

– Non, mais il . . . . une photo dédicacée de Laure !

7 Complète avec les verbes suivants au passé composé.

gagner – aimer – téléphoner – manger – chanter

a. J'........ trop de gâteau !

b. Vous .... l'acteur dans le film d'hier soir ?

c. Ouais ! On .... le match !

d. Regarde ! Ils sont célèbres, ils .... à la *Star Ac'* !

e. Tu .... à ta grand-mère pour son anniversaire ?

8 Raconte ce que Gaëlle a fait hier.

Hier, Gaëlle a ....
....
....

Mes mots

Les médias

9 Complète la grille.

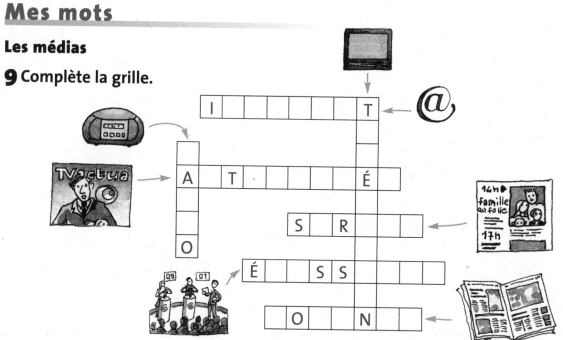

I _ _ _ _ _ T
A T _ _ _ É
S _ R _ _ _
O
É _ S S _ _
_ O _ N _

10 Complète les phrases avec les mots de l'exercice 9.

a. Les adultes français préfèrent écouter la .... que regarder la ....

b. 40 % des familles françaises sont connectées à ....

c. *Le Monde* est un .... français très célèbre.

d. *La Star Ac'* est une des .... préférées des jeunes Français.

e. Les adolescents français aiment regarder les .... américaines.

f. Beaucoup de Français regardent les .... le soir à la télé.

Communique

1 Place les phrases dans les bulles correspondantes.

a. On a lu une information incroyable dans *LE MAG'* !

b. Oh non ! J'ai perdu mon lecteur MP3 !

c. Elle a entendu frapper mais elle n'a pas voulu ouvrir la porte !

d. Vous n'avez pas pu avoir d'autographe ? Vous n'avez pas eu de chance !

1.　　　　　　　2.　　　　　　　3.　　　　　　　4.

2 Complète le texte avec les formes verbales suivantes.

a retrouvé – a fait – a pris – a laissé – n'a pas voulu

Un animal très fidèle !

Une famille . . . . partir en
vacances avec son chat et . . . .
l'animal à la maison.

Une semaine plus tard, le chat
. . . . ses maîtres sur le lieu
des vacances. Il . . . . 124 kilomètres
« à pattes » ! Mais pour rentrer, il . . . . le train
avec sa famille !

Grammaire

Les participes passés irréguliers

3 Retrouve les infinitifs et associe-les aux participes passés.

a. eril ➜ . . . . 　　　**1.** pris

b. ovri ➜ . . . . 　　　**2.** lu

c. reafi ➜ . . . . 　　　**3.** vu

d. voliuro ➜ . . . . 　　　**4.** eu

e. rendrep ➜ . . . . 　　　**5.** fait

f. oraiv ➜ . . . . 　　　**6.** voulu

Télé = Réalité ?

4 Entoure la bonne réponse.

a. Oh non ! J'ai **pris** / **perdu** mon portefeuille !

b. Tu as **lu** / **vu** Isabelle hier soir ?

c. Hier soir, ils ont **voulu** / **vu** regarder les informations.

d. Julien, tu as **vu** / **eu** un autographe ?

e. Pierre et Isabelle ont **eu** / **lu** un accident la semaine dernière.

5 Complète les textes avec les verbes suivants au passé composé. Puis associe les dessins aux textes.

faire – nager – escalader – utiliser – écrire – acheter – prendre

a. Un homme . . . . la tour Eiffel sans autorisation et il . . . . (ne pas) de corde de sécurité !

b. Des Japonais . . . . un gâteau avec cent diamants. Une personne . . . . ce gâteau 650 000 euros !

c. À Quimper, en Bretagne, cinq personnes . . . . un bain de mer en plein hiver ; ils . . . . dans une eau à 9 °C !

d. Un jeune Asiatique . . . . un sms de 160 signes en 41 secondes ! C'est un record !

1.

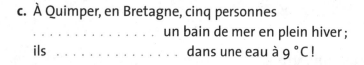

2.

3.

4.

6 Transforme les phrases au passé composé.

a. Maïa fait une interview pour *LE MAG'*. ➔ *Maïa a fait une interview pour LE MAG'.*

b. Vous voulez voir la star ? ➔ . . . .

c. Je lis un livre génial ! ➔ . . . .

d. Nous perdons le match. ➔ . . . .

e. Tu peux te connecter à Internet ? ➔ . . . .

f. Emma et Léa prennent le train. ➔ . . . .

7 Complète la lettre avec les verbes suivants au passé composé.

faire (2) – avoir – dormir – prendre – regarder – montrer – voir – retrouver – perdre – chercher – trouver

Samedi 10 juin
Salut Camille !
Ça va ? Tu . . . . les informations hier soir ? La télévision . . . . un petit reportage sur notre voyage de classe. Jeudi, moi et ma classe, nous . . . . une randonnée en montagne. Jérôme, un camarade, ... son chemin. Nous . . . . peur et nous . . . . partout ! Nous . . . . (ne pas) Jérôme et il . . . . sous un arbre ! Hier matin, des personnes . . . . son sac et ses affaires sur un chemin. Ils . . . . la même direction et ils . . . . Jérôme ! Un journaliste . . . . une interview, quelle histoire !
À bientôt,
Julien

La négation au passé composé

8 Remets les phrases dans l'ordre.

a. sa | téléphoné | n' | à | pas | copine. | a | Julien ....

b. Mon | n' | vu | actualités. | pas | cousin | a | les ....

c. pas | Alex | voulu | la | a | télé. | n' | regarder ....

d. Sofiane | de | a | d' | avoir | la | autographe | pas | n' | star. | pu ....
....

9 Complète les phrases. Conjugue les verbes au passé composé.

a. Ils ont organisé une randonnée en montagne samedi dernier mais ils .... (ne pas inviter) Julien.

b. Hier, Marie a vu les informations mais elle .... (ne pas entendre) cette histoire !

c. Hier, j'ai regardé la télévision toute la journée et je .... (ne pas finir) mes devoirs.

d. Nous avons participé à un jeu mais nous .... (ne pas vouloir) passer à la télévision !

e. Tu as eu un autographe de Jennifer Lopez mais tu .... (ne pas prendre) de photos !

f. Vous avez écrit un article sur votre ville mais vous .... (ne pas faire) de reportage.

Mes mots

Les indications de temps au passé

10 Associe les phrases aux dessins et replace-les dans l'ordre.

a. Hier après-midi, ils ont visité le musée du Louvre.

b. Ce matin, Jules a écrit une carte postale à ses parents.

c. Hier soir, Jules et ses copains ont dormi à l'hôtel.

d. La semaine dernière, Jules a préparé ses affaires pour partir.

e. Le mois dernier, le professeur de français a dit à la classe de Jules : « Dans un mois, on part à Paris ! »

f. Hier matin, Jules et sa classe ont pris le TGV pour Paris.

1	2	3	4	5	6

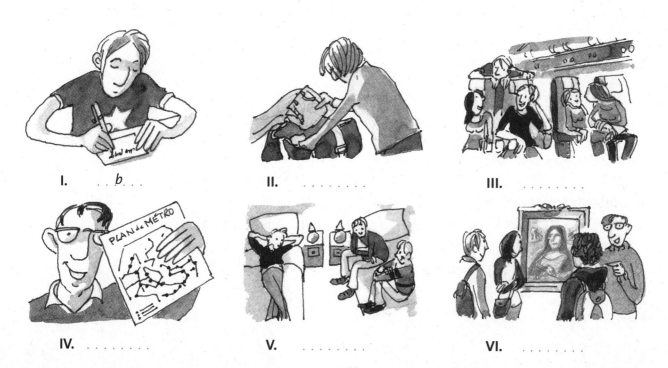

I. ...b...

II. ....

III. ....

IV. ....

V. ....

VI. ....

Sons et graphies

Les graphies du [e]

1 Lis le texte à haute voix et souligne les [e] que tu prononces.

Samedi 12 février, 20 h 50

**RENDEZ-VOUS
AVEC UNE STAR**
Émission de télé-réalité,
présentée par Céline
Prunier et Olivier Rochez.
Les jeunes invités de
l'émission vont chanter
et jouer à des jeux pour
gagner un super cadeau :
un dîner avec leur star
préférée !

2 Classe les mots suivants dans le tableau.

~~aimer~~ – ~~jeu~~ – bleu – prend – les – chez – fête – trouvé – entrez – mère – manger – jeudi – aimé – eu – des – préféré – journée

[e]	autre
aimer, ...	jeu, ...
. . . .	. . . .
. . . .	. . . .
. . . .	. . . .
. . . .	. . . .
. . . .	. . . .
. . . .	. . . .

3 Complète avec *é, ez, er, es.*

a. Vous av. . . regard. . . l'. . . mission de t. . . l. . . -r. . . alit. . . hier soir ? Moi, j'ai ador. . . !

b. Zo. . . est ch. . . Maïa pour pr. . . par. . . un article.

c. Pour le petit d. . . jeun. . . , j'ai mang. . . d. . . c. . . r. . . ales.

Fais le point

Évalue tes connaissances et compte tes points !

1 Fais trois phrases pour dire ce que tu as fait hier.

→ ....

→ ....

→ ....

*2 points
par phrase*

/6

2 Retrouve les participes passés des verbes suivants.

a. voir → ....

b. lire → ....

c. aimer → ....

d. perdre → ....

e. prendre → ....

f. regarder → ....

g. avoir → ....

h. pouvoir → ....

*1 point
par forme
verbale*

/8

3 Parle des deux médias que tu préfères. Explique pourquoi.

→ ....

→ ....

*3 points
par phrase*

/6

4 Compte tes points !

Résultats :

< 12/20 ☹ → À revoir !

Entre 13/20 et 16/20 ☺ → Bien, mais observe tes erreurs !

> 17/20 ☺☺ → Très bien !

Prêt(e) pour *Le Mag'* **n° 13 !**

total :

/20

Portfolio

Fais le point sur tes connaissances !

Maintenant, je sais...	Oui	Un peu	Non
• parler au passé.	☐	☐	☐
• parler des médias.	☐	☐	☐
Je connais...			
• quelques programmes de télévision français.	☐	☐	☐
• les activités des adolescents français le mercredi.	☐	☐	☐

PRÉPAREZ UNE ÉMISSION !

Devenez journaliste et présentateur de télé ou de radio !

Matériel

→ Un micro et un magnétophone ou une caméra vidéo

1 Avec ton groupe, choisissez ce que vous allez enregistrer.

- Une interview
- Un « micro-trottoir » ou un sondage
- Les actualités

2 Choisissez un thème, par exemple :

- L'alimentation
- Les activités de loisir (le week-end)
- La télévision
- Les informations insolites

3 Préparez l'enregistrement.

- Écrivez le texte.
- Distribuez les rôles.
- Avec le professeur, enregistrez l'émission !

4 Regardez ou écoutez toutes les émissions.

5 Votez pour la meilleure émission !

Auto-évaluation unités 3 et 4

Évalue tes connaissances et compte tes points.

1 point
par bonne
réponse

1 Retrouve le nom des aliments et classe-les dans le menu.

a.
crêpe au sucre

b.
....

c.

d.
....

e.
....

f.
....

> ⤾ *Menu du jour* ⤿
>
> *Plats*
>
> ....
> ....
>
> ⤾⤿
>
> *Desserts*
> Une crêpe au sucre
>
> ....
>
> ⤾⤿
>
> *Boissons*
>
> ....
> ....

/5

2 Associe.

a. Hier soir, j'ai mangé de la   1. eau ?
b. Est-ce que tu bois beaucoup de   2. poisson.
c. Avec un steak, j'adore manger des   3. sodas ?
d. S'il vous plaît, je peux avoir de l' 4. frites.
e. Je vais prendre du   5. soupe.

/5

3 Complète les phrases avec les verbes suivants au passé composé.

avoir – regarder – vouloir – lire – jouer

a. Vous . . . . la télé hier soir ?

b. Alex et Rémi . . . . à des jeux sur l'ordinateur.

c. Zoé . . . . un article intéressant.

d. Thomas . . . . un nouveau DVD pour son anniversaire.

e. Nous . . . . visiter le musée mais nous n'avons pas pu.

/5

4 Classe les expressions dans l'ordre chronologique.

a. hier soir – **b.** demain – **c.** cet après-midi –
d. ~~la semaine dernière~~ – **e.** ce matin – **f.** hier matin

d – . . . . – . . . . – . . . . – . . . . – . . . .

/5

De 0 à 12/20 → À revoir…
De 13 à 16/20 → C'est bien !
De 17 à 20/20 → Excellent !

total :

/20

Enquête !

Atelier

Communique

1 Complète l'affiche avec les propositions suivantes.

- *accuser quelqu'un*
- *voir la police*
- *quand on cherche bien, on trouve*
- *surveillez vos affaires*
- *aux voleurs*

> **À TOUS LES NAGEURS**
>
> ATTENTION . . . . !
> DANS LES VESTIAIRES, ... !
> MAIS AVANT D' . . . . ,
> CHERCHEZ BIEN SI VOUS AVEZ PERDU QUELQUE CHOSE !
> ET N'ALLEZ PAS . . . . TROP VITE,
> QUELQUEFOIS, ... !

2 Remets le dialogue dans l'ordre.

a. Non, je n'ai rien changé.
b. Et ils ne sont pas dans ta poche ?
c. Tu n'as rien enlevé de ton sac ?
d. Dans ma poche ? Ah si !...
e. Oui ! C'est parce que j'ai perdu 20 euros !
f. Oui, j'ai regardé partout !
g. ~~Qu'est-ce que tu as ? Tu es de mauvaise humeur ?~~
h. Mais, tu as bien cherché ?

g – . . . *–* . . . *–* . . . *–* . . . *–* . . . *–* . . . *–* . . .

Grammaire

La négation avec « rien », « jamais », « personne » et les adverbes « déjà » et « toujours »

3 Associe les questions de l'inspecteur aux réponses des suspects.

a. *Vous avez pris le métro ce matin ?*
b. *Vous avez vu quelqu'un entrer dans l'immeuble ?*
c. *Vous avez déjà vu ce sac ?*
d. *Vous avez fait quelque chose ce matin ?*

1. *Non, rien.*
2. *Non, jamais.*
3. *Non, personne.*
4. *Oui, comme toujours.*

4 Remets les phrases dans l'ordre et aide le détective à les associer aux questions.

a. ai | n' | fait. | rien | Je
b. ai | n' | personne. | Non, | vu | je
c. je | Non, | n' | perdu. | rien | ai
d. le | prends | Non, | métro. | toujours | je
e. ai | Non, | vu | n' | personne | jamais | je | ici. | entrer

1. Vous avez perdu quelque chose ?

. . . .

2. Vous avez rencontré quelqu'un hier ?

. . . .

3. Tu vas souvent à l'école à pied ?

. . . .

4. Qu'est-ce que tu as fait hier ?

. . . .

5. Vous avez déjà vu quelqu'un entrer ici ?

. . . .

5 Complète avec la négation ou l'adverbe qui convient.

a. Nous n'avons . . . . fait ce week-end.

b. Paul n'a pas de copains, il n'aime . . . . !

c. Il n'a . . . . entendu cette histoire !

d. Vous avez . . . . regardé cette série avant ?

e. Tu prends . . . . le taxi pour aller à l'aéroport ?

f. Ces voleurs ont . . . . cambriolé notre maison l'année dernière.

g. Paul et Rémi n'ont . . . . retrouvé le coupable.

6 Dis le contraire. Utilise une négation.

1. Tu as pris quelque chose dans mon sac ?

➜ *Tu n'as rien pris dans mon sac ?*

2. Julien a vu quelqu'un entrer dans la bijouterie.

➜ . . . .

3. Thomas et moi, nous sommes déjà allés en France !

➜ . . . .

4. Je surveille toujours mes affaires dans le train.

➜ . . . .

5. Julie a tout préparé pour l'anniversaire de Sophie.

➜ . . . .

6. Léo et Pierre vont toujours au collège en bus.

➜ . . . .

7 Trouve la question. Utilise *déjà* ou *toujours*.

a. . . . .
Non, je n'ai jamais vu de film policier.

b. . . . .
Non, je ne mange jamais à la cantine.

c. . . . .
Non, je n'ai pas encore regardé dans mon sac.

d. . . . .
Non, je ne me couche jamais à la même heure.

e. . . . .
Oui, on a déjà volé mon sac une fois.

f. . . . .
Non, je ne rentre jamais seule le soir.

g. . . . .
Oui, j'ai déjà perdu mon portable trois fois !

Enquête !

Oui / Si

8 Complète avec *oui, non* ou *si*.

a. Vous êtes le voleur ? . . . . ,c'est moi !

b. Vous n'avez vu personne ? . . . . , j'ai vu une femme !

c. Il n'a pas retrouvé ses clés ? . . . . ,dans sa poche !

d. Elle a appelé la police ? . . . . , elle n'a appelé personne.

e. Tu as bien surveillé tes affaires ? . . . . , j'ai fait très attention !

f. Elles n'ont pas oublié leur agenda ? . . . . , dans le bus !

9 Associe les questions aux réponses.

a. Tu n'as pas cherché ?

b. Tu n'as pas entendu la nouvelle ?

c. Tu as déjà vu cette fille ?

d. Tu ne trouves pas ton portable ?

1. Oui, elle est vraiment bizarre.

2. Non ! Et j'ai cherché partout !

3. Si, partout !

4. Si, à la radio.

10 Réponds affirmativement aux questions.

a. Regardez-vous des séries policières ?

b. Tu n'as jamais lu ce roman ? . . . .

c. Est-ce que vous avez retrouvé vos affaires ? . . . .

d. Ils ont déjà visité ce musée ? . . . .

e. Elles ne sont pas montées dans la grande tour ? . . . .

11 Réponds aux questions.

a. Tu n'as pas 16 ans ? . . . .

b. Tu ne parles pas français ? . . . .

c. Tu n'aimes pas les films policiers ? . . . .

d. Tu n'as jamais perdu ton portable ? . . . .

e. Tu ne prends pas le bus pour aller au collège ? . . . .

Mes mots

L'enquête policière

12a Déchiffre les mots codés et réécris le message secret.

12b Retrouve les symboles manquants.

a	b	c	d	e	f	g	h	i	j	k	l	m
♪	☼	✎	✚	....	♥	☽	★	👄	♠	☎	....	🌀

n	o	p	q	r	s	t	u	v	w	x	y	z
✿	....	📓	♣	....	☺	♀	🔔	◆	🦋	🍎	◉	♂

La 🦋?➜👄✎🦋 sait que je suis le ◆?➜🦋🔔? . Mais elle ne peut pas m'♪📓🦋🔔★☺🦋 ?

sans 📓🦋?🦋🔔★◆◆🦋☺ . Si tu me ✎★🦋🦋?📓★➜🦋☺ , je suis dans le 🌀🦋♀??? .

→ . . . .

Communique

1 Reconstitue le récit de Marion.

> Marion Delatour
> 5ᵉ B
> Collège Jean-Moulin
>
> Visite au musée d'Orsay
>
> Avec la classe, nous sommes allés visiter le musée d'Orsay à Paris.

a. Cinq minutes après, la visite guidée a commencé et j'ai vu deux garçons de la classe se cacher derrière une statue.

b. Soudain, on a entendu sonner l'alarme du musée. J'ai regardé derrière la statue : pas de garçons !

c. Il s'est présenté et il a dit :

d. Le guide a demandé : « Est-ce que tout le monde est là ? Personne n'a touché aux tableaux ? » Moi, je n'ai rien dit.

e. « Nous allons visiter le musée. Attention, ne touchez à rien, si vous ne voulez pas avoir de problème avec l'alarme ! Restez tous avec moi ! »

f. Mais à la fin de la visite, deux policiers sont arrivés avec... les deux garçons !

g. Quand nous sommes arrivés, nous avons rencontré le guide.

h. Quand l'alarme s'est arrêtée, on a continué.

g – . . . – . – . – . – . . – . – . –

2 Observe les dessins et raconte l'histoire au passé.

1. 2. 3. 4. 5.

La semaine dernière, Julie et Leïla . . . .

Grammaire

Le passé composé avec « être »

3 Complète avec *être* ou *avoir* à la forme qui convient.

a. Je n'. . . . . jamais visité ce château.

b. Nous . . . . arrivés vers 9 heures pour la visite.

c. Tu . . . . déjà monté en haut de la tour ?

d. Quand j'. . . . . vu le voleur, je me . . . . caché.

e. Ils n'. . . . . . . rien trouvé ici, et vous, vous . . . . allés voir dans la tour du château ?

f. – Elle . . . . déjà partie ? – Oui, elle . . . . sortie par là !

4 Mets les verbes du dialogue au passé composé (avec *être* ou *avoir*).

– Bonjour madame Burnot, qu'est-ce qui *s'est passé* (se passer) cette nuit ?

– Eh bien, je . . . . (se coucher) tôt et j' . . . . (entendre) des bruits vers 23 h.

– Quelqu'un . . . . (entrer) chez vous ?

– Oui, des voleurs . . . . (essayer) de cambrioler ma maison ! Ils . . . .
(casser) une fenêtre et l'alarme . . . . (s'allumer).

– Vous . . . . (voir) les voleurs ?

– Non, ils . . . . (ne pas monter) à l'étage et ils . . . . (sortir) très vite !

– Ils . . . . (ne rien voler) ?

– Si, ils . . . . (prendre) une valise vide !

5 Entoure la bonne réponse.

a. Nous n'avons pas **vu / vus** le voleur.

b. Tom et toi, vous êtes **venu / venus** en bus au château ?

c. Elles se sont déjà **présentées / présenté** au groupe.

d. Les policiers ont **regardé / regardés** partout, ils sont même **descendus / descendu** tout en bas !

e. Alors, la visite s'est bien **passée / passé** ?

f. Elle a beaucoup **rigolé / rigolée** quand elle a **vu / vue** le voleur !

6 Remets les mots dans l'ordre et fais des phrases.

a. cachées Elles sont derrière se la porte voleurs. observer pour les

→ . . . .

b. parce que La venue police cambriolé est des musée. voleurs ont un

→ . . . .

c. nous montés Quand à l' étage, personne ! nous n' avons sommes vu

→ . . . .

d. la l'inspecteur trouvé est dans pièce, il entré a les fenêtres Quand ouvertes.

→ . . . .

e. Ce le matin, a mené l' détective trouver preuves enquête pour des

→ . . . .

7 Complète et accorde les participes passés.

a. Elles se sont présent . . . . au commissariat pour raconter le vol.

b. Julie n'est pas descend . . . . par les escaliers.

c. Luc n'a pas visit . . . . le musée ?

d. La voleuse est sort . . . . par la fenêtre.

e. Moi et Rémi, nous sommes rest . . . . dans la voiture.

f. Karen, tu n'as rien v . . . . ?

g. Ils sont tous arriv . . . . en retard !

h. Ils ont vol . . . . de l'argent dans une banque.

i. Toi et Zoé, vous n'avez pas pr . . . . votre sac ?

8 **Complète la biographie d'Audrey Tautou avec les verbes suivants au passé composé.**

aller – avoir – naître – interpréter – partir – jouer – apprendre

Audrey Tautou . . . . le 9 août 1978 à Beaumont. En 1996, quand elle . . . . à Paris pour faire des études, elle . . . . aussi

. . . . le métier d'actrice au cours Florent.

En 1998, elle . . . . dans *Vénus beauté* et elle . . . . le césar du Meilleur Espoir féminin. En 2006, elle . . . . le personnage de Sophie Neveu dans l'adaptation du célèbre roman *Da Vinci Code* avec Tom Hanks. Puis, elle . . . . sur la Côte d'Azur pour le tournage d'une comédie romantique, *Hors de prix*.

9 **Lis le rapport de l'inspecteur. Corrige les sept formes verbales incorrectes.**

Objet : Vol de bijoux.
Le 16 janvier 2007, à 8 heures, madame Laporte a rentré chez elle et elle a trouvée la porte et la fenêtre ouvertes. Quand elle a allé dans sa chambre, elle est vue toutes ses affaires en désordre et elle a téléphonée à la police pour déclarer la disparition de ses bijoux. Les voleurs ne sont rien pris d'autre, ils n'ont pas monté à l'étage.

a. . . . . **b.** . . . . **c.** . . . . **d.** . . . . **e.** . . . .

f. . . . . **g.** . . . .

Mes mots

Le récit policier

10 **Complète le texte avec les mots suivants.**

romans policiers – mènent l'enquête – coupable – caché – a disparu

Perdu et retrouvé !

Bruno Lastuce . . . . !
Depuis hier, les policiers . . . . pour retrouver le célèbre auteur de . . . . ,

que personne n'a vu depuis trois jours. Ce matin, ils sont entrés dans la maison de l'écrivain et ont cherché partout. Finalement, ils ont retrouvé monsieur Lastuce . . . . sous son lit !

« C'est pour mieux comprendre le personnage de mon nouveau roman *Une semaine sous un lit* » a-t-il expliqué aux policiers.

Voilà une histoire sans . . . . !

Sons et graphies

Les consonnes [t] / [d] – [k] / [g]

1 **Le son [k]. Complète avec *c, ch, qu* ou *k*.**

a. Le voleur de la …ouronne s'appelle …ristian.

b. Moi, …oupable ? Mais …'est-ce que tu ra…ontes ?

c. …el…'un a vu …el…e chose ?

d. L'en…ête a …ommencé hier, après le bra…age de la ban…e.

e. Le …oupable a volé …atre …ilos de diamants !

2 **Le son [g]. Complète avec *gu* ou *g*.**

a. Au musée …ignol, le …ide était très …rand !

b. Et voici le …ant blanc du …rand roi …illaume !

c. Hu…es est …éri de sa maladie ?

d. Nous sommes fati…és après cette lon…e journée !

3 **Amuse-toi à lire les phrases le plus vite possible.**

a. Grégory Cass enquête à Grasse.

b. Trois drôles de dames trouvent des coupables !

c. Quand est-ce que Guy commence son concert de guitare ?

d. Le grand groupe continue la grève.

4 À toi ! Imagine deux phrases avec beaucoup de [t] et de [d] et/ou beaucoup de [k] et de [g]. Fais-les prononcer par tes camarades !

....

....

....

Fais le point

1 Réponds aux questions.

a. Quelqu'un t'a déjà volé quelque chose ? Si oui, quoi ?

. . . .

b. Tu as déjà fait une visite culturelle avec ton collège ? Où et quand ?

. . . .

. . . .

c. As-tu déjà perdu quelque chose que tu as retrouvé ensuite ? Raconte.

. . . .

. . . .

2 points par phrase

/6

2 Classe les verbes dans le tableau.

sortir – venir – disparaître – accuser – entrer – se présenter – prendre – visiter – descendre – dire

Passé composé avec *être*	Passé composé avec *avoir*
. . . .	. . . .
. . . .	. . . .

1 point par verbe

/10

3 Remets les étapes de l'enquête policière dans l'ordre.

a. Elle a arrêté le coupable.
b. La police a mené l'enquête.
c. On a braqué une banque !
d. Elle a trouvé des preuves.

. . . . – . . . . . – . . . . . –

1 point par réponse

/4

4 Compte tes points !

Résultats :
< 12/20 ☹ → À revoir !
Entre 13/20 et 16/20 ☺ → Bien, mais observe tes erreurs !
> 17/20 ☺☺ → Très bien !
Prêt(e) pour *Le Mag'* n° 14 !

total :

/20

Portfolio

Fais le point sur tes connaissances !

Maintenant, je sais...	Oui	Un peu	Non
• m'informer sur des faits passés.	☐	☐	☐
• répondre négativement.	☐	☐	☐
• lire et écrire un récit au passé.	☐	☐	☐
Je connais...			
• quelques récits policiers.	☐	☐	☐

Atelier

Communique

1 Place les phrases dans les bulles.

a. Ça fait trente-cinq euros, s'il vous plaît.

b. J'aime bien ce pantalon mais je n'ai pas assez d'argent.

c. Regarde ces chaussures, elles sont cool !

d. Ça vous va très bien !

2 Trouve la question.

a. – . . . . ?

– Je prends le pantalon et le pull.

b. – . . . . ?

– Je préfère le bleu.

c. – . . . . ?

– Les cabines sont là-bas, à droite.

d. – . . . . ?

– Ça fait vingt euros, s'il vous plaît.

Grammaire

Les adjectifs démonstratifs

3 Entoure l'adjectif démonstratif qui convient.

a. **Ce / Cet / Cette** jupe est jolie, non ?

b. J'adore **ce / cet / ces** magasin.

c. Tu préfères **cette / ces** chaussures ou **cette / ces** baskets ?

d. J'aime bien le pull de **cet / cette / ces** acteur.

4 Associe.

a. Je vais prendre ce

b. Tu as tout cet

c. Je voudrais essayer cette

d. Je trouve que ces

1. chaussures te vont très bien.

2. pantalon et ce T-shirt.

3. robe. Où sont les cabines ?

4. argent à dépenser ?

5 Complète le dialogue avec des pronoms démonstratifs.

– Julie, regarde . . . . robe !

– Bof, elle n'est pas très jolie.

– Et comment tu trouves . . . . pull jaune ?

– . . . . couleur ne te va pas du tout !

– Qu'est-ce que tu me conseilles alors ?

– Prends une jupe courte, c'est très à la mode !

– D'accord... Je vais acheter . . . . jupe verte.

– Achète aussi . . . . lunettes, c'est chouette avec la jupe.

– Oh, non ! Je n'aime pas du tout ; par contre, ... sac jaune est génial.
  J'adore la forme ! Et toi ?

– Prends ce que tu veux !

6 Mets les phrases au singulier.

a. Il trouve que ces vêtements te vont bien. ➔ *Il trouve que ce vêtement te va bien.*

b. Ces cabines sont libres ? ➔ . . . .

c. Laure adore ces magasins ! ➔ . . . .

d. Tu vas essayer ces pantalons et ces robes ? ➔ . . . .

e. Comment tu trouves ces anoraks ? ➔ . . . .

f. Elle va acheter ces pulls en solde ? ➔ . . . .

7 Complète les phrases avec les informations entre parenthèses.

a. Cette boutique est petite mais (magasin / grand) *ce magasin est grand.*

b. Je ne vais pas sortir cet après-midi mais (Damien / soir) . . . .
. . . .

c. Irène n'aime pas ces baskets orange mais (Julie / T-shirt jaune) . . . .
. . . .

d. Il ne mange pas cette soupe de poireaux, mais (il / dessert au chocolat) . . . . . .
. . . .

e. Elle ne porte pas cette belle robe mais (elle / vieux jean) . . . .
. . . .

f. Les filles veulent acheter ces beaux escarpins pour la soirée mais (les garçons / baskets à la mode)
. . . .

Les verbes en « -YER »

8 Entoure la bonne réponse.

a. Dans un magasin, nous **essayons / essaie** tout !

b. Quand nous faisons les magasins, je **paie / paies** mes CD et mes parents **paient / paies**
mes vêtements !

c. Si vous organisez une fête samedi, **envoyez / envoyons**-nous une invitation !

d. Comment tu **paies / paient** : par carte ou en liquide ?

e. Nous **essaient / essayons** le même pull !

f. Est-ce qu'elle **envoie / envoies** un cadeau à son frère pour son anniversaire ?

9 Complète avec *payer* ou *essayer* au présent.

a. Vous . . . . comment monsieur ?

b. J'. . . . . cette robe, dis-moi si ça me va bien.

c. Les filles . . . . des vêtements dans les cabines.

d. Nous . . . . avec notre argent de poche.

e. Et toi, quels vêtements tu . . . . ?

f. La mère de Zoé . . . . avec sa carte.

Mes mots

Les vêtements et les couleurs

10 Retrouve le prénom de chaque personne.

Hugo a les mêmes chaussures que Solène.
Amélie n'a pas de baskets.
Solène n'a pas de robe ni de pull.
Lise a une robe. Elle n'a pas de pull.
Axel a un T-shirt. Il n'a pas de pantalon.

1.
Elle s'appelle
. . . .

2.
Il s'appelle
. . . .

3.
Elle s'appelle
. . . .

4.
Elle s'appelle
. . . .

5.
Il s'appelle
. . . .

11 Complète les phrases avec une couleur.

a. . . . . comme un petit cochon.

b. . . . . comme un citron.

c. . . . . comme le ciel.

d. . . . . comme une tomate.

e. . . . . comme une carotte.

f. . . . . comme du chocolat.

Communique

1 **Observe les tableaux, lis les phrases et corrige-les si nécessaire.**

Année	Pourcentage de Français qui ont un téléphone portable.
1998	17 %
2000	52 %
2004	73 %

Joues-tu à des jeux sur ton téléphone portable ?	OUI	NON
Français de 12 à 17 ans	83 %	17 %
Français de plus 18 ans	26 %	74 %

As-tu déjà envoyé des textos* ?	Français de 10 à 18 ans
Oui, souvent.	93 %
Non, jamais.	7 %

Utilises-tu Internet ?	OUI	NON
Français de 10 à 17 ans	91 %	9 %

* Un texto = un message écrit et envoyé par téléphone portable.

a. Beaucoup de jeunes Français ne connaissent pas les textos. . . . .

b. Peu de jeunes Français utilisent Internet. . . . .

c. En 2004, beaucoup de Français ont un téléphone portable. . . . .

d. Quatre-vingt-treize pour cent des jeunes Français de 12 à 17 ans jouent à des jeux sur leur téléphone

portable. . . . .

e. En 2000, presque un Français sur deux a un téléphone portable. . . . .

Grammaire

L'adjectif interrogatif « quel »

2 **Pose les questions en utilisant *quel, quelle, quels* ou *quelles*.**

a. Nous avons fait les magasins avec une copine. → *Quelle copine ?*

b. Maman, je ne trouve pas ma nouvelle chemise ! → . . . . chemise ?

c. Hier, j'ai gardé les enfants des voisins. → . . . . voisins ?

d. Tu as acheté le journal ? → . . . . journal ?

e. Laure et moi, nous avons le même âge ! → . . . . âge ?

f. Martin a rendu des services à ses sœurs. → . . . . sœurs ?

3 **Complète avec *quel, quelle, quels* ou *quelles*.**

a. . . . . heure est-il s'il vous plaît ?

b. Vous avez acheté . . . . chaussures ? Les blanches ou les noires ?

c. C'est l'anniversaire de ton frère ? Il a . . . . âge ?

d. Tu as acheté . . . . livres avec ton argent de poche ?

Argent de poche

4 Accorde les adjectifs et réponds aux questions.

a. Quel . . . . couleur tu aimes ? . . . .

b. Quel . . . . âge tu as ? . . . .

c. Quel . . . . services tu rends pour gagner de l'argent ? . . . .

. . . .

d. Quel . . . . somme d'argent tu reçois par an ? . . . .

e. Quel . . . . livres tu as lus le mois dernier ? . . . .

. . . .

f. Quel . . . . dépenses tu fais pour ton plaisir ? . . . .

La question formelle

5 Remets les phrases dans l'ordre pour retrouver les questions formelles.

a. as / ce / acheté / -tu / pull ? / Où ➜ . . . .

b. chaque / Quelle / -vous / somme / dépensez / mois ? ➜ . . . .

. . . .

c. services / pour / Quels / rendez / d'argent ? / -vous / gagner / un peu ➜ . . . .

. . . .

d. as / de l' / économisé / Pourquoi / -tu / argent ? ➜ . . . .

. . . .

e. fait / avez / ménage / maison ? / la / -vous / Quand / le / à ➜ . . . .

. . . .

f. supermarché ? / Que / acheter / veulent / au / -ils ➜ . . . .

. . . .

g. -tu : / Quelles / chaussures / les / ou / vertes / les / préfères / bleues ? ➜ . . . .

6 Transforme les questions en questions formelles.

a. Vous regardez quel film ? ➜ *Quel film regardez-vous ?*

b. Tu reçois de l'argent de poche tous les mois ? ➜ . . . .

c. Tu as gagné de l'argent ? ➜ . . . .

d. Où est-ce que vous allez faire des courses ? ➜ . . . .

e. Quand est-ce que tu rends des services à tes voisins ? ➜ . . . .

f. Pourquoi est-ce que tu as fait le ménage dans toute la maison ? ➜ . . . .

g. Vous choisissez quelle veste ? ➜ . . . .

7 Trouve la question. Fais des questions formelles.

a. . . . . ? Non, nous n'avons pas trouvé de chaussures en solde.

b. . . . . ? Nous achetons ce T-shirt jaune et ce pantalon noir !

c. . . . . ? J'ai acheté ce bracelet dans une bijouterie.

d. . . . . ? Mes parents font les courses le samedi matin.

e. . . . . ? J'ai économisé de l'argent pour acheter

un nouveau lecteur MP3.

Mes mots

L'argent de poche

8 Complète avec les mots suivants.

rend des services – dépenser – gagner de l'argent – argent de poche – économiser

a. Léo veut acheter un jeu vidéo, mais c'est cher, il doit . . . . !

b. Pour . . . ., Alex . . . . : il fait le jardinage

et les courses pour sa voisine.

c. Zoé a vingt euros d' . . . . chaque mois.

d. Pendant les soldes, c'est difficile de ne pas . . . . son argent !

Les nombres

9 Combien ça fait ? Écris les nombres en chiffres.

a. La mère de Thomas a acheté une jupe à trente-cinq
euros et des chaussures à cinquante-cinq euros.
Elle a payé . . . . €.

b. Pour son anniversaire, Théo a eu vingt euros de ses
parents, quarante euros de sa grand-mère et vingt-cinq
euros de sa tante. Théo a eu . . . . €.

c. Léa et Emma ont fait des courses. Léa a acheté
un pull à vingt-sept euros, une jupe à douze euros et
des baskets à trente-huit euros. Emma a acheté des
chaussures à trente-trois euros et un pantalon à
vingt et un euros. Elles ont dépensé . . . . €.

miss CHOUCHOTE
Pull rayé vert-bleu
T 1 € 27,00

d. Ce lecteur MP3 coûte cent quatre-vingt-dix-neuf euros,
mais pour les soldes, il y a vingt euros de réduction.
Il coûte . . . . €.

Sons et graphies

Le [j] et ses graphies

1a Lis le texte à haute voix et souligne quand tu prononces [j].

Pour gagner un peu d'argent, Bertille travaille chez
une vieille dame : madame Payet, sa voisine.
Elle fait les courses, un peu de ménage...
Si le soleil brille, elles vont marcher dans la ville,
et elles mangent parfois une glace à la vanille dans
le parc. Madame Payet est très gentille,
et elle aime bien parler avec les jeunes filles.

1b Trouve une exception dans le texte : . . . .

2 Classe les mots dans le tableau.

s'habiller   mademoiselle   pull

travaillons   payez   travail

yaourt   belle   oreille   bulle

ballon   Royaume-Uni   œil

yeux   Mathilde   essayons

[j]	[l]
s'habiller	. . . .
. . . .	. . . .
. . . .	. . . .
. . . .	. . . .
. . . .	. . . .

3 Complète avec *y, ill* ou *il.*

a. – Tu connais cette f . . . . e ? – Oui, elle trava . . . . e avec mon père.

b. Vous pa . . . . ez avec votre carte ou avec des b . . . . ets ?

c. Aïe ! Gu . . . . aume a envo . . . . é le ballon dans mon œ . . . . puis dans mon ore . . . . e !

d. Tu préfères un . . . . aourt au sucre ou à la van . . . . e ?

4 Lis les phrases suivantes. Attention à la prononciation !

a. Youri et Mireille
travaillent au soleil.

b. Essayons de payer
avec des billets.

c. Ma fille voyage
à Marseille.

Fais le point

Évalue tes connaissances et compte tes points !

1 Décris avec précision les vêtements que tu portes aujourd'hui.

Aujourd'hui, je porte . . . .

. . . .

/4

2 Conjugue le verbe *essayer* au présent.

J'	Nous . . . .
Tu	Vous . . . .
Il / Elle / On	Ils / Elles . . . .

1 point par forme verbale

/6

3 Retrouve les questions. Écris-les de deux manières différentes (formelle et non formelle).

a. . . . . ? / . . . . ? ➜ Je reçois 5 euros par semaine.

b. . . . . ? / . . . . ? ➜ Mes couleurs préférées, c'est le bleu et le rose.

c. . . . . ? / . . . . ? ➜ Je n'ai pas de dépenses : j'économise
tout mon argent de poche !

1 point par bonne réponse

/6

4 Écris les nombres suivants en lettres.

a. 77 : . . . .

b. 193 : . . . .

c. 570 : . . . .

d. 1 000 : . . . .

1 point par bonne réponse

/4

5 Compte tes points !

Résultats :
< 12/20 ☹ ➜ À revoir !
Entre 13/20 et 16/20 ☺ ➜ Bien, mais observe tes erreurs !
> 17/20 ☺☺ ➜ Très bien !
Prêt(e) pour *Le Mag'* n° 15 !

total :

/20

Portfolio

Fais le point sur tes connaissances !

Maintenant, je sais...	Oui	Un peu	Non
• communiquer dans un magasin.	☐	☐	☐
• poser des questions formelles.	☐	☐	☐
• parler de l'argent de poche.	☐	☐	☐
• exprimer une proportion.	☐	☐	☐
• compter jusqu'à mille.	☐	☐	☐
Je connais...			
• quelques informations sur les jeunes Français et l'argent.	☐	☐	☐
• quelques héros de la littérature française.	☐	☐	☐

ATELIER D'ÉCRITURE

Écrivez un conte ou une histoire policière !

Matériel

→ *Des feuilles A3*   → *Des magazines (à découper)*

1 Choisissez les éléments de l'histoire.

- Formez des groupes de trois ou quatre.
- Recopiez les éléments suivants sur de petits papiers.
- Tirez au sort deux personnages, un lieu et un événement.

un roi   une voleuse   un chien   une star   un fantôme

PERSONNAGES

un magasin de vêtements   un collège   un château   le métro

un rendez-vous secret   un vol d'argent   un accident   un exploit

LIEUX   ÉVÉNEMENTS

2 Écrivez l'histoire.

- À partir des éléments tirés au sort, imaginez un conte ou une histoire policière.
- Écrivez l'histoire au passé composé.

3 Illustrez l'histoire.

- Découpez des images dans des magazines pour illustrer votre histoire.
- Faites une affiche avec votre histoire illustrée.

4 Présentez votre histoire à la classe.

Auto-évaluation unités 5 et 6

Évalue tes connaissances et compte tes points.

1 Dis le contraire.

a. Élise regarde toujours la télévision. ≠ . . . .

b. La police n'a accusé personne. ≠ . . . .

c. Vous avez entendu quelque chose ? ≠ . . . .

d. Mathieu n'a jamais visité Paris. ≠ . . . .

e. Le coupable a parlé à quelqu'un. ≠ . . . .

2 Transforme le texte au passé composé.

Marion et Caroline *arrivent* dans le magasin. Elles essaient des vêtements et Marion achète un T-shirt bleu.
Elles sortent du magasin et voient Cassandre. Elles vont boire un soda au café avec elle.

Marion et Caroline sont arrivées dans le magasin. . . . .

. . . .

. . . .

3 Entoure le mot qui convient.

a. Je voudrais essayer ces **pantalon / T-shirt / *chaussures***, s'il vous plaît.

b. Tu aimes ce **pull / jupe / baskets** ? Moi, j'adore **ces / cet / cette** couleur !

c. À qui est cet **billets / argent / euros** ?

d. Rose **paient / paie / essaie** avec son argent de poche.

e. Vous **essayez / essayons / essaient** quels vêtements ?

4 Associe.

a. Quel
b. Quelle
c. Quels
d. Quelles
e. Dans quelle

1. cabine es-tu ?
2. couleurs choisissez-vous ?
3. somme dépensez-vous pendant les soldes ?
4. pantalon préfères-tu ?
5. vêtements achètes-tu ?

A. Cinquante euros.
B. Ce pantalon et ce pull.
C. Le noir.
D. À gauche, à côté de la caisse.
E. Vert et rose.

De 0 à 12/20 → À revoir
De 13 à 16/20 → C'est bien !
De 17 à 20/20 → Excellent !

Atelier

Communique

1 **Qu'est-ce qu'ils disent ? Recopie les phrases sous les bons dessins.**

a. Je déteste la chaleur ! **b.** L'orage arrive ! – **c.** Oh, là, là ! On est tout mouillés ! – **d.** La planète se réchauffe. – **e.** Quel temps !

1. . . . . 2. . . . . 3. . . . . 4. . . . . 5. . . . .

. . . .

2 **Associe.**

a. Si les océans montent...

b. S'il fait toujours beau et chaud...

c. S'il n'y a plus de neige en montagne...

d. Si tu jettes tes papiers par terre...

1. ... ce n'est pas bon pour la nature !

2. ... on ne va plus pouvoir faire du ski !

3. ... des pays peuvent disparaître sous l'eau !

4. ... tu ne respectes pas la nature !

Grammaire

Les constructions impersonnelles

3 **Complète avec *P* si *il* est une personne, et *I* si c'est une construction impersonnelle.**

a. Ici, il pleut tous les jours. ➜ *I*

b. Il pleure toujours ! ➜ . . . .

c. Il fait très beau aujourd'hui ! ➜ . . . .

d. Il a fait un beau travail. ➜ . . . .

e. Il faut respecter la nature ! ➜ . . . .

f. Il veut respecter la planète. ➜ . . . .

g. Il y a de la neige en montagne. ➜ . . . .

h. Il a vu de la neige en montagne. ➜ . . . .

4 Complète les phrases avec une construction impersonnelle.

a. Viens ! On va faire du ski ! . . . . de la neige !

b. Tu portes seulement un petit T-shirt mais . . . . très froid !

c. L'orage arrive, ... vite rentrer à la maison !

d. Aujourd'hui, nous allons à la plage, ... super beau !

e. . . . . dehors : tu veux mon parapluie ?

f. Ouf ! Il fait 30 °C, ... vraiment chaud !

La négation avec « ne... plus »

5 Associe.

a. Il a 17 ans,
b. L'été est fini,
c. C'est la fin de l'hiver,
d. Dans cette ville, on a interdit les voitures,
e. On a trouvé une solution,

1. il ne fait plus très chaud.
2. il n'y a plus de neige.
3. il n'y a plus de pollution !
4. il n'y a plus de problème !
5. ce n'est plus un enfant.

6 Remets les phrases dans l'ordre.

a. ne | On | plus | dans | la | peut | mer ! | nager

→ . . . .

b. papiers | de | ne | plus | terre ! | faut | jeter | par | Il

→ . . . .

c. utiliser | plus | sacs | Elle | ne | plastique. | doit | de | en

→ . . . .

d. a | plus | Il | neige | n' | montagne. | y | de | à la

→ . . . .

e. ils | Ils | plus | ne | travailler | veulent | parce qu' | vacances ! | sont | en

→ . . . .

f. l' | été | très | est | fait | Il | chaud, | ne | fini ! | plus

→ . . . .

g. pleurer, | Tu | tout | bien. | ne | va | dois | plus

→ . . . .

7 Entoure la bonne réponse.

a. Nous ne devons **pas** / **plus** parler fort quand nous sommes dans un musée.

b. L'hiver est fini, il n'y a **plus** / **pas** de neige !

c. Dans cette ville, on a toujours protégé l'environnement, il n'y a **pas** / **plus** de pollution.

d. Aujourd'hui, il ne pleut **plus** / **pas**, nous pouvons faire un pique-nique.

e. Vous ne triez **pas** / **plus** vos déchets ?

f. Il a trop mangé, il n'a **plus** / **pas** faim.

g. Je ne prends **pas** / **plus** ma voiture pour aller en ville, j'ai acheté un vélo !

Planète en danger !

8 Réponds aux questions en utilisant *ne... plus* et les informations entre parenthèses.

a. Ils vont se baigner dans cette rivière ? Oui, (être pollué) *elle n'est plus polluée.*

b. Jérôme va manifester avec vous ce matin ? Oui, (être fatigué) . . . .

c. Vous prenez un taxi ? Oui, il est tard, (avoir des bus) . . . .

d. Marc, tu es tout mouillé ? Oui, (avoir un parapluie) . . . .

e. Marie a regardé la météo ? Non, (avoir une télévision) . . . .

9 Complète avec *pas* ou *plus*.

a. Il n'a pas fait beau pendant cinq jours, mais aujourd'hui, c'est fini, il ne pleut . . . . !

b. Ici, il fait toujours beau, il ne pleut . . . . !

c. Maintenant, tu es grand, il ne faut . . . . faire ça !

d. Il ne faut . . . . faire ça, c'est interdit !

Mes mots

Le temps / La météo

10 Lis le bulletin météo et place ces symboles sur les cartes.

MÉTÉO

Voici le temps pour aujourd'hui.

Il fait **très beau** ce matin de Lyon à Marseille, et **le soleil** va briller toute la journée. À Lille, **les pluies** du matin vont s'accompagner **d'orages** dans l'après-midi. Sur l'Ouest de la France, de Nantes à Bordeaux, il fait **très beau** temps, mais **le soleil** va disparaître pour laisser la place à de **grosses pluies** à partir de 14 h. À Paris, il **ne pleut pas**, mais il ne va pas faire **beau** aujourd'hui. Dans les Alpes, après **la neige** de ce matin, il va y avoir **un beau soleil** le reste de la journée.

Communique

1 Associe pour faire des slogans.

a. L'énergie est
b. Il faut sauver
c. Il faut recycler
d. La planète ne doit pas devenir
e. N'oublions pas d'éteindre
f. La planète est

1. les déchets !
2. précieuse !
3. en danger !
4. la lumière !
5. la planète !
6. une poubelle géante !

2 Écris les instructions. Utilise des constructions impersonnelles.

a. → ....

b. → ....

c. → ....

d. → ....

3 Lis les propos de Léonardo, Karen et Pierre. Sont-ils écolos ? Donne-leur des conseils !

Léonardo : Moi, je fais souvent les courses avec ma mère. On utilise des sacs plastique, c'est pratique !

→ ....

....

Karen : Moi, j'aime prendre des bains et j'adore rester des heures sous la douche !

→ ....

Pierre : Chez moi, je laisse allumer l'ordinateur et la télévision toute la journée. Je ne perds pas de temps et je ne manque jamais mes émissions préférées !

→ ....

....

Grammaire

Le verbe « devoir »

4 Complète les phrases. Utilise le verbe *devoir* à la forme affirmative ou négative.

a. Si tu veux entrer dans ce musée, (acheter un ticket) . . . .

b. Quand il y a beaucoup de pollution en ville, (se déplacer en vélo) . . . .

c. Quand nous sommes au bord de la piscine, (courir) . . . .

d. Quand on se brosse les dents, (laisser couler l'eau) . . . .

e. Pour protéger la nature, (limiter les déchets) . . . .

5 Complète les textes avec le verbe *devoir* au présent.

a. Pour protéger la planète, que . . . . - nous faire ? Voici ce que de jeunes Français proposent. ➡

b. « Tu ne . . . . pas laisser couler l'eau quand tu prends une douche ! »

c. « Si les gens travaillent et habitent en ville, ils . . . . utiliser les transports en commun ! »

d. « Au supermarché, vous ne . . . . pas prendre de sacs plastique ! »

e. « Moi, je sais que je . . . . éteindre plus souvent la lumière ! »

f. « On ne . . . . pas jeter de déchets dans la nature ! »

6 Transforme les phrases avec le verbe *devoir*.

a. N'utilise pas de sacs plastique ! ➡ *Tu ne dois pas utiliser de sacs plastique !*

b. Économisons l'énergie ! ➡ . . . . !

c. Mettez vos papiers à la poubelle ! ➡ . . . . !

d. Ne partez pas sans éteindre la lumière ! ➡ . . . . !

e. Trions les déchets ! ➡ . . . . !

f. Ne laisse pas couler l'eau ! ➡ . . . . !

7 Complète les phrases avec les verbes *devoir* ou *pouvoir*.

a. Je vais en ville, je . . . . prendre ta voiture ?

b. Si nous faisons un pique-nique, nous . . . . respecter la nature.

c. Si tu passes devant la poubelle, tu . . . . jeter ces papiers dedans ?

d. Est-ce que nous . . . . regarder le reportage sur le recyclage ?

e. Pour protéger l'environnement, nous . . . . trouver des solutions !

Les pronoms COD

8 Complète avec *le, la, l', les*.

a. Les déchets, on ne . . . . jette pas partout !

b. Tu as un sac plastique, réutilise- . . . . !

c. Cette eau n'est pas bonne, ne . . . . bois pas !

d. L'énergie est précieuse, il faut . . . . économiser.

e. Achète différentes poubelles et n'oublie pas de . . . . utiliser.

9 Transforme les phrases. Utilise un pronom COD.

a. On doit recycler les bouteilles en verre. ➡ *Les bouteilles en verre, on doit les recycler !*

b. Il faut économiser l'eau. ➡ . . . . !

c. Ils doivent prendre les transports en commun. ➡ . . . .

. . . . !

d. Il ne faut pas polluer la planète. ➡ . . . . !

e. Tu dois écouter ce météorologue ! ➡ . . . . !

10a Remets les messages dans l'ordre.

1. jette | par | les | pas | terre ! | Ne → . . . .

2. protéger. | la | voulons | Nous → . . . .

3. partir ! | de | éteins | avant | l' | Tu → . . . .

4. garage ! | -le | Laisse | au → . . . .

10b À ton avis, que remplacent *le, la, l', les* dans les phrases de l'exercice 10a ?
(Il y a plusieurs possibilités.)

1. les = ...

2. la = ...

3. l' = ...

4. le = ...

11 Complète les phrases. Exprime l'obligation et utilise un pronom COD.

a. Ramasse cette bouteille en plastique ! (jeter) . . . . dans une poubelle !

b. Désolé monsieur, nous n'acceptons pas les animaux dans ce restaurant ! (laisser) . . . .
. . . . dehors !

c. N'apporte pas ton sandwich en classe ! (manger) . . . . dans la cour de récréation !

d. Ne fais pas de bruit, les voisins entendent tout ! (respecter) . . . . !

e. Garde tes sacs en plastique ! (réutiliser) . . . . quand tu fais tes courses !

Mes mots

L'environnement

12 Complète les tracts.

Les 〰〰〰 . . . .
sont malades ! Nous devons
les 🖐 . . . . !
Il ne faut pas 🖐
. . . . les 🍾📄
. . . . dans la mer,
mais dans une 🗑
. . . . !

1.

Pour ♻
. . . . ,
c'est facile !
Je 🗑🗑🗑
. . . . !

2.

Prenons tous 🚌
. . . .
. . . .
pour lutter contre
la 🏭
. . . . !

3.

Sons et graphies

[sjõ] et ses graphies

1 Associe et fais des mots.

a. informa- . . . .

b. compréhen- . . . .

c. direc- . . . .   **1.** -ssion

d. profe- . . . .

e. dispari- . . . .   **2.** -sion

f. pa- . . . .

g. sta- . . . .   **3.** -tion

h. obliga- . . . .

i. expre- . . . .

2 Complète avec une des graphies de [sjõ].

a. Atten . . . . ! Manifesta . . . . contre la pollu . . . . !

b. Ma mi . . . . ? Organiser des discu . . . .

c. Et voici maintenant notre émi . . . . « Planète propre ! ».

d. La communica . . . . est coupée !

e. Tous pour la protec . . . . de la nature !

3 Retrouve les mots en [sjõ] correspondant aux dessins.

→ Ma . . . . c'est le foot !

→ Voilà une bonne . . . . !

→ Quelle est la bonne . . . . ?

4 À toi ! Complète les slogans avec des mots des exercices précédents pour faire des rimes et lis-les à haute voix.

Faisons des actions contre la
. . . . !
1.

Pour votre information, regardez
l' . . . . !
2.

Tous ensemble pour
la . . . .
de la planète !
3.

Fais le point

Évalue tes connaissances et compte tes points !

1 Quelle est la météo idéale pour ces situations ? Utilise une construction impersonnelle.

a. Tu vas faire du vélo avec tes amis. ➔ . . . .

b. C'est mercredi et tu dois faire tes devoirs à la maison. ➔ . . . .

c. Tu pars faire du ski avec tes parents. ➔ . . . .

2 points par bonne réponse

/6

2 Conjugue le verbe *devoir* au présent.

Je . . . .

Tu . . . .

Il / Elle / On . . . .

Nous . . . .

Vous . . . .

Ils / Elles . . . .

1 point par forme verbale

/6

3 Dis deux choses qu'il faut faire et qu'il ne faut pas faire pour respecter la planète.

– Il faut :

. . . .

. . . .

– Il ne faut pas :

. . . .

. . . .

2 points par phrase

/8

4 Compte tes points !

Résultats :
< 12/20 ☹ ➔ À revoir !
Entre 13/20 et 16/20 ☺ ➔ Bien, mais observe tes erreurs !
> 17/20 ☺☺ ➔ Très bien !
Prêt(e) pour *Le Mag'* n° 16 !

total :

/20

Portfolio

Fais le point sur tes connaissances !

Maintenant, je sais...	Oui	Un peu	Non
• parler du temps qu'il fait.	☐	☐	☐
• exprimer l'obligation / l'interdiction.	☐	☐	☐
• écrire un tract.	☐	☐	☐
Je connais...			
• quelques règles pour respecter la nature.	☐	☐	☐

Atelier

Communique

1 Place les phrases dans les bulles.

1. 2. 3. 4.

a. Salut, on fait un sondage : « Quel métier ferez-vous plus tard ? »

b. Tu travailleras à la télévision ?

c. Nous serons scientifiques !

d. Et ce soir, n'oubliez pas de regarder notre émission « Spécial Futur » !

2 Place les phrases dans la frise suivant l'ordre chronologique.

a. *Maintenant, je mange à la cantine avec mes copines.*

b. Plus tard, je serai guide, j'adore les musées !

c. Ce matin, je suis arrivée au collège à 9 heures et j'ai eu trois heures de cours.

d. Cet après-midi, on va aller visiter un musée avec la classe.

e. Hier je suis allée au cinéma avec mes parents. On a vu un film français.

f. Bientôt, ça va être les vacances.

g. Demain, c'est mercredi, je ne vais pas à l'école.

h. Dans cinq ans, je ferai des études d'histoire.

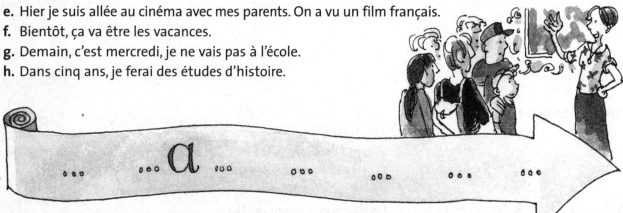

Grammaire

Le futur simple

3 Retrouve les formes verbales au futur. Écris les pronoms personnels.

a. itfinrno   → *finiront*   → *ils / elles*

b. rneezdrp   → . . . .   → . . . .

c. uiara   → . . . .   → . . . .

d. rasi   → . . . .   → . . . .

e. eraf   → . . . .   → . . . .

f. rrpuoosn   → . . . .   → . . . .

4 Associe des éléments de chaque bulle et fais des phrases.

nous / j' / ils / vous / elle / tu

achèteras / fera / serons / habiterai / irez / mangeront

dans une grande maison / célèbres / le tour du Monde / en France / une belle voiture / dans un bon restaurant

. . . .

. . . .

. . . .

5 Complète avec les verbes suivants au futur simple.

aimer – demander – manger – téléphoner – préparer – voyager

a. Je . . . . la permission à mes parents.

b. Vous . . . . ce numéro du *Mag'*, c'est sûr !

c. Tu . . . . à l'étranger ?

d. Nous . . . . dans le restaurant d'Alex.

e. Rémi, Alex et Thomas . . . . un article.

f. Mathilde . . . . à sa mère pour la fête des Mères.

6 Transforme les phrases au futur simple.

a. Vous prenez le train pour partir ? ➜ *Vous prendrez le train pour partir ?*

b. Maïa et Zoé réussissent à faire leur sondage. ➜ . . . .

c. Thomas a fini ses devoirs. ➜ . . . .

d. Nous sommes partis en vacances. ➜ . . . .

e. Ils vont attendre le bus. ➜ . . . .

f. J'ai écrit une carte postale à mes parents. ➜ . . . .

7a Place les formes verbales dans les sacs.

serai | pourras | seront | pourrai

feront | aura | irons | aurez | fera | aurons | iras | serez

ÊTRE   AVOIR   ALLER   FAIRE   POUVOIR

7b Choisis des formes verbales de l'exercice 7a et fais des phrases.

a. *Je serai infirmier, et toi ?*

b. Tu . . . .

c. Il / Elle / On . . . .

d. Nous . . . .

e. Vous . . . .

f. Ils / Elles . . . .

8 Réponds aux questions.

a. Quel(s) sport(s) pratiqueras-tu l'année prochaine ?

. . . .

b. Qu'est-ce que tu auras pour ton anniversaire ?

. . . .

c. Quelles études feras-tu dans quatre ou cinq ans ?

. . . .

d. Quel(s) pays visiteras-tu plus tard ?

. . . .

e. Est-ce que tu vivras en France un jour ?

. . . .

f. Est-ce que tu achèteras une grosse voiture un jour ?

. . . .

g. Plus tard, est-ce que tu auras une maison ou un appartement ?

. . . .

Mes mots

Les professions

9 Retrouve cinq professions dans la grille et associe chaque profession à un lieu.

a. Il travaille dans un *journal*, il est *journaliste*.

S	C	I	E	N	T	I	F	I	Q	U	E
I	S	P	A	I	D	L	U	F	I	E	Y
C	À	R	T	N	O	I	S	Z	R	É	M
D	E	S	T	F	A	C	I	L	U	S	E
É	L	C	U	I	S	I	N	I	E	R	P
T	I	C	È	R	E	N	A	I	R	E	S
A	A	K	O	M	R	E	P	È	P	A	L
I	N	S	T	I	T	U	T	R	I	C	E
N	E	S	Ç	E	R	T	U	P	L	I	I
E	S	D	V	R	A	U	R	I	O	Q	N
J	O	U	R	N	A	L	I	S	T	E	R
Y	R	O	B	E	L	L	E	Z	E	B	O

b. Elle travaille dans un

. . . . , elle est . . . .

c. Il travaille dans un

. . . . , il est . . . .

d. Elle travaille dans un . . . . , elle est . . . .

e. Elle travaille dans une . . . . , elle est . . . .

f. Il travaille dans un . . . . , il est . . . .

Communique

1 **Associe les phrases aux dessins et remets-les dans l'ordre.**

a. Vous vous marierez avec lui.

b. Et plus tard, vous voyagerez à l'étranger avec votre famille.

c. Vous allez bientôt rencontrer un homme. Il sera astronaute.

d. Dans dix ans, vous aurez des enfants et vous habiterez dans une grande maison en France.

. . . — . . . — . . . — . . .

2 **Albert vit en 1910. Il imagine la vie en 2010. Complète son texte.**

Dans cent ans, en 2010, nous voyagerons avec des machines très rapides. . . . .

. . . .

. . . .

. . . .

. . . .

. . . .

Grammaire

Les adjectifs possessifs

3 **Place les phrases dans le tableau.**

a. C'est notre collège.

b. Ce sont leurs parents.

c. C'est votre prof ?

d. Ce sont nos copains.

e. Ce sont vos articles.

f. C'est leur magazine.

Maïa + moi	Maïa + toi	Maïa + sa sœur
. . . .	. . . .	. . . .
. . . .	. . . .	. . . .

Spécial futur

4 Associe.

a. Laurent et Marc sont en cours de biologie, ils finissent
b. Dans le futur, des robots feront
c. Les filles, vous avez vu
d. Cette année, où avez-vous passé
e. Nous allons chez Martin et son frère. Tu sais où se trouve
f. Hier, vous n'avez pas oublié

1. nos courses !
2. leur maison ?
3. vos vacances ?
4. notre invention ?
5. votre portable ?
6. leur exposé.

5 Entoure l'adjectif possessif qui convient.

a. (mes parents) ➔ C'est *leur* / leurs / son robot.
b. (Maïa + Zoé) ➔ Ce sont ses / leur / leurs articles.
c. (ton frère + toi) ➔ Ce sont votre / vos / leurs amis ?
d. (ma famille + moi) ➔ C'est notre / votre / leur maison.
e. (ta sœur + toi) ➔ C'est notre / votre / vos ordinateur ?
f. (mes copains + moi) ➔ Ce sont leurs / nos / vos magazines préférés.

6 Réécris le texte. Remplace *je* par *Laure et moi* puis par *Laure et Philippe*.

> Plus tard, je n'habiterai plus chez mes parents. Je serai architecte et je ferai des maisons pour tout le monde et dans le monde entier. J'inviterai mes amis dans ma grande maison. Il y aura une piscine dans mon jardin. Ma cuisine sera très moderne et des robots prépareront les repas ! Dans mes grands placards, je pourrai ranger tous mes beaux vêtements et mes chaussures. Je promènerai mon chien dans mon parc privé !

Plus tard, Laure et moi, nous . . . .
. . . .
. . . .
. . . .
. . . .

Plus tard, Laure et Philippe, ils . . . .
. . . .
. . . .
. . . .
. . . .

7 Associe et fais des phrases. Plusieurs réponses sont possibles.

A. Vous êtes montés dans
B. Nous avons perdu
C. Ils ont rencontré
D. Elles ont lu
E. Vous avez parlé à
F. Nous avons dessiné

1. vos
2. votre
3. notre
4. nos
5. leur
6. leurs

a. magazine.
b. chambre.
c. amis.
d. planète.
e. stars préférées.
f. clés.

8 Complète avec un adjectif possessif.

a. Rémi a écrit . . . . . . article sur le futur.

b. Plus tard, nous n'irons plus à l'école, nous étudierons sur . . . . ordinateur.

c. – Comment s'appelle . . . . . . robot, monsieur ? – . . . . robot s'appelle Némo.

d. Zoé, tu as pris . . . . . . portable ?

e. – Où irez-vous passer . . . . vacances plus tard ? – Nous passerons . . . . vacances dans l'espace !

f. Je ne viendrai pas avec vous, ... parents ne sont pas d'accord.

g. Les journalistes ont fini . . . . . . numéro « Spécial Futur ».

9 Réponds aux questions. Utilise les informations entre parenthèses.

a. C'est votre nouveau téléphone portable ? Non, (nouveau lecteur MP3) . . . .

. . . .

b. Dans deux mois, ils passeront leurs examens de mathématiques et de chimie ? Non, (examen de français)

. . . .

c. Nous n'avons pas oublié nos clés chez toi ? Non, mais (DVD) . . . .

. . . .

d. Elles ont mangé leurs légumes à midi ? Non, mais (glace) . . . .

. . . .

Mes mots

Les nombres

10 Associe.

a. 60 000
b. 60 000 000
c. 6 000 000
d. 600 000
e. 6 000 000 000
f. 6 000

1. six cent mille
2. six milliards
3. six millions
4. soixante mille
5. six mille
6. soixante millions

11 Complète les phrases avec les nombres suivants.

trente – mille neuf cent quatre-vingt-treize – quatre mille huit cent sept –
trois cent quatre-vingt-quatre mille cinq cents – quinze milliards – soixante millions

a. En France, il y a . . . . d'habitants.

b. De la Terre à la Lune, il y a . . . . kilomètres.

c. Zoé est née en . . . .

d. Le mont Blanc fait . . . . mètres d'altitude.

e. Les scientifiques disent qu'il y aura . . . . d'habitants sur la planète

dans . . . . ans.

Le futur

12 Remets les mots dans l'ordre et associe.

a. des traxe-restretres ➜ . . . .

b. une séfue ➜ . . . .

c. l'ascepe ➜ . . . .

d. une coupsoue lantove ➜ . . . .

e. un broto ➜ . . . .

1.   2.   3.

4.   5.

Sons et graphies

Le [ə] caduc au futur simple

1 **Lis les phrases suivantes à haute voix. Souligne les « e » que tu ne prononces pas (« e » caducs du futur et « e » muets).**

a. Je mangerai des vitamines.

b. Tu essaieras cette fusée.

c. Il voyagera dans l'espace.

d. Nous achèterons une voiture.

e. Vous arrêterez d'utiliser du pétrole.

f. Elles joueront au foot.

2 **Complète les formes verbales au futur simple. Souligne les « e » caducs.**

a. Vous prend . . . . le bus pour venir nous voir ?

b. Nous mang . . . . avec vous samedi soir.

c. Quel métier tu f . . . . plus tard ?

d. Vous écrir . . . . un article ?

e. Je pai . . . . avec mon argent de poche.

3 **Lis ces phrases à haute voix. Attention à la prononciation !**

a. Irma dansera à l'opéra.　　**b.** Nous achèterons des chapeaux ronds.　　**c.** Grégoire racontera des histoires.

4 **Lis la rédaction de Julien et corrige les formes verbales.**

Sujet : « Comment vois-tu ta vie dans vingt ans ? »

Dans vingt ans, j'achètrai . . . . une grande maison où j'habitrai . . . . avec mes parents.

Ils ne travaillront plus et ensemble, on fra . . . . des voyages dans le monde entier.

Mon frère sra . . . . médecin et moi j'étudirai . . . . pour être prof de français !...

Fais le point

Évalue tes connaissances et compte tes points !

1 Qu'est-ce que tu feras plus tard ? Fais quatre phrases au futur simple.

a. ....

b. ....

c. ....

d. ....

2 points par phrase

/8

2 Réponds aux questions. Utilise un adjectif possessif et complète les phrases.

a. Comment s'appelle le copain lituanien de Thomas et Rémi ?

➜ . . . . . . copain lituanien s'appelle . . . .

b. Avec quoi fonctionneront vos voitures plus tard ?

➜ . . . . . . voitures fonctionneront avec . . . .

c. De quoi parlent les articles d'Alex, Thomas et Rémi dans le numéro du *Mag'* « Spécial futur » ? ➜ . . . . . . articles parlent de . . . .

d. Comment s'appelle votre collège ? ➜ . . . . . . collège s'appelle . . . .

2 points par phrase

/8

3 Écris les nombres suivants en chiffres.

a. Cinq mille deux cent quatre-vingts. ➜ ....

b. Douze millions quatre cent mille. ➜ ....

c. Sept milliards. ➜ ....

d. Soixante-quatorze mille cinq cents. ➜ ....

1 point par bonne réponse

/4

4 Compte tes points !

Résultats :
< 12/20 ☹ ➜ À revoir !
Entre 13/20 et 16/20 ☺ ➜ Bien, mais observe tes erreurs !
> 17/20 ☺☺ ➜ Très bien !

total :

/20

Portfolio

Fais le point sur tes connaissances !

Maintenant, je sais...	Oui	Un peu	Non
• parler de l'avenir et de mes projets.	☐	☐	☐
• exprimer la possession.	☐	☐	☐
• compter jusqu'à l'infini.	☐	☐	☐
Je connais...			
• quelques grandes inventions françaises.	☐	☐	☐

INVENTIONS

Imaginez un objet révolutionnaire !

Matériel
→ Des feuilles A3
→ Des feutres ou des crayons de couleur

1 Avec ton groupe, imaginez un objet révolutionnaire.

• Donnez-lui un nom.
• Imaginez à quoi il sert.

> Un stylo-télé, pour regarder la télé partout, même en classe !

> Une assiette autolavable pour ne jamais faire la vaisselle !

> Des baskets lumineuses pour marcher la nuit !

2 Créez une affiche publicitaire pour présenter cet objet.

• Dessinez l'objet.
• Écrivez un texte pour expliquer comment il fonctionne.
• Imaginez un slogan.

3 Présentez votre objet et votre publicité à la classe.

Auto-évaluation unités 7 et 8

Évalue tes connaissances et compte tes points.

1 point
par bonne
réponse

1 Transforme les phrases en utilisant *il faut / il ne faut pas* ou le verbe *devoir*.

a. Il ne faut pas laisser la lumière allumée quand on sort. ➔ *On ne doit pas laisser la lumière allumée quand on sort.*

b. Il faut utiliser les transports en commun. ➔ *Vous* . . . .

c. Il ne faut pas jeter les déchets par terre. ➔ *Tu* . . . .

d. Nous devons économiser l'énergie ! ➔ . . . .

e. On doit respecter l'environnement. ➔ . . . .

f. Vous ne devez pas polluer. ➔ . . . .

/5

2 Associe.

a. Tu regardes la météo à la télé ?

b. Tu jettes tous les déchets dans la même poubelle ?

c. Vous utilisez les sacs plastique du supermarché ?

d. Vous utilisez les transports en commun ?

e. Tu as aimé le film ?

1. Oui, nous les prenons tous les jours.

2. Oui, je l'ai adoré !

3. Non, je l'écoute à la radio.

4. Non, on ne les utilise pas, on prend un grand sac.

5. Non, je les trie.

/5

3 Complète avec les verbes suivants au futur simple.

pouvoir – écrire – avoir – travailler – être

a. Dans dix ans, Viviane . . . . des livres pour enfants.

b. Plus tard, Paul et Damien . . . . en Afrique. Ils . . . . . . médecins.

c. Dans cent ans, vous . . . . voyager en fusée dans l'espace !

d. Plus tard, nous . . . . des enfants.

/5

4 Complète avec un adjectif possessif.

a. *Maïa et sa sœur iront au Maroc chez* **leurs** *grands-parents.*

b. Bonjour Monsieur, voici . . . . ordinateur.

c. Alex et Martin ! Est-ce que vous avez . . . . billets ?

d. Nous avons écouté une émission sur les scientifiques. . . . . métier est très intéressant !

e. – Ce robot est à vous ?

   – Oui, il est à nous, c'est . . . . robot !

f. Nous, ... parents sont astronautes, et vous ?

/5

De 0 à 12/20 ➔ À revoir
De 13 à 16/20 ➔ C'est bien !
De 17 à 20/20 ➔ Excellent !

total :

/20

Corrigés des auto-évaluations

Unités 0, 1 et 2   p. 25

1 Complète.   /5
a. *Jeanne habite en France, elle est française.*
b. Paolo habite **en** Italie. Il est **italien**.
c. Natalia habite **au** Portugal. Elle est **portugaise**.
d. Ana habite **à** Malte. Elle est **maltaise**.
e. Ali habite **au** Maroc. Il est **marocain**.
f. Anelie habite **en** Suède. Elle est **suédoise**.

2 Complète avec *vouloir* ou *pouvoir* au présent. /5
a. voulez
b. peux
c. pouvez
d. veulent
e. peut

3 Associe.   /5
a – 4 ; b – 1 ; c – 5 ; d – 2 ; e – 3

4 Conjugue les verbes au présent.   /5
a. finissent
b. guéris
c. réussissez
d. choisissons
e. finit

Unités 3 et 4   p. 43

1 Retrouve le nom des aliments et classe-les dans le menu. /5
Plats : du poulet et des frites – du poisson
       et des légumes
Desserts : une crêpe au sucre – des fruits
Boissons : du jus de fruits – de l'eau

2 Associe.   /5
a – 5 ; b – 3 ; c – 4 ; d – 1 ; e – 2

3 Complète les phrases avec les verbes suivants au passé composé. /5
a. avez regardé
b. ont joué
c. a lu
d. a eu
e. avons voulu

4 Classe les expressions dans l'ordre chronologique. /5
d – f – a – e – c – b

Unités 5 et 6   p. 61

1 Dis le contraire.   /5
a. Élise ne regarde jamais la télévision.
b. La police a accusé quelqu'un.
c. Vous n'avez rien entendu ?
d. Mathieu a déjà visité Paris.
e. Le coupable n'a parlé à personne.

2 Transforme le texte au passé composé.   /5
Marion et Caroline sont arrivées dans le magasin.
Elles ont essayé des vêtements et Marion a acheté
un T-shirt bleu. Elles sont sorties du magasin et ont
vu Cassandre. Elles sont allées boire un soda au café
avec elle.

3 Entoure le mot qui convient.   /5
a. Je voudrais essayer ces *chaussures*, s'il vous plaît.
b. Tu aimes ce **pull** ? Moi, j'adore **cette** couleur !
c. À qui est **cet** argent ?
d. Rose **paie** avec son argent de poche.
e. Vous **essayez** quels vêtements ?

4 Associe.   /5
a – 4 – C ; b – 3 – A ; c – 5 – B ; d – 2 – E ; e – 1 – D

Unités 7 et 8   p. 79

1 Transforme les phrases en utilisant *il faut / il ne faut* pas ou le verbe *devoir*. /5
a. *On ne doit pas laisser la lumière allumée quand on sort.*
b. Vous devez utiliser les transports en commun.
c. Tu ne dois pas jeter les déchets par terre.
d. Il faut économiser l'énergie !
e. Il faut respecter l'environnement.
f. Il ne faut pas polluer.

2 Associe.   /5
a – 3 ; b – 5 ; c – 4 ; d – 1 ; e – 2

3 Complète avec les verbes suivants au futur simple. /5
a. écrira
b. travailleront – seront
c. pourrez
d. aurons

4 Complète avec un adjectif possessif.   /5
a. *leurs*
b. votre
c. vos
d. Leur
e. notre
f. nos

Achevé d'imprimer en Italie par Rotolito Lombarda
Dépôt légal : 10/2011 - Collection n°30 - Edition n°05 - 15/5535/8